Andre Kolle

Kurzarbeit als Instrument der Mitarbeiterbindung

Eine theoretische Analyse
im Rahmen der Finanzkrise

Bachelor + Master
Publishing

Kolle, Andre: Kurzarbeit als Instrument der Mitarbeiterbindung. Eine theoretische Analyse im Rahmen der Finanzkrise, Hamburg, Diplomica Verlag GmbH 2012
Originaltitel der Abschlussarbeit: Beschäftigungssicherung oder Ausnahmezustand · Eine theoretische Analyse der Bindungswirkung von Kurzarbeit

ISBN: 978-3-86341-410-8
Druck: Bachelor + Master Publishing, ein Imprint der Diplomica® Verlag GmbH, Hamburg, 2012
Zugl. Universität Paderborn, Paderborn, Deutschland, MA-Thesis / Master, September 2010

Bibliografische Information der Deutschen Nationalbibliothek:
Die Deutsche Nationalbibliothek verzeichnet diese Publikation in der Deutschen Nationalbibliografie; detaillierte bibliografische Daten sind im Internet über http://dnb.d-nb.de abrufbar.

Die digitale Ausgabe (eBook-Ausgabe) dieses Titels trägt die ISBN 978-3-86341-910-3 und kann über den Handel oder den Verlag bezogen werden.

EXECUTIVE SUMMARY

Der Einsatz konjunktureller Kurzarbeit gilt in Zeiten der Finanzkrise als beschäftigungspolitisches Allheilmittel der deutschen Wirtschaft. Aus ökonomischer Sicht profitieren Staat, Unternehmen und Arbeitnehmer, indem sie Transferleistungen einsparen, Entlassungs- und Widereinstellungskosten vermeiden bzw. ihren Arbeitsplatz behalten. Dennoch erzielt Kurzarbeit nicht nur eine ökonomische Wirkung, denn auch die Beziehungsebene zwischen Arbeitgeber und Mitarbeitern wird affektiert.

Diese Arbeit liefert eine theoretische Analyse der Auswirkungen von Kurzarbeit auf affektives und normatives Commitment im Rahmen des Drei-Komponenten-Ansatzes von Meyer/Allen (1991). Dabei wird auf die Theorie des sozialen Tauschs nach Homans (1958) und Blau (1964) zurückgegriffen.

Die Ergebnisse zeigen, dass der Einsatz von Kurzarbeit einen sozialen Austauschprozess zwischen Arbeitgeber und Arbeitnehmern hervorruft. Je nachdem wie die Mitarbeiter Kurzarbeit während der Ein-, Durch- und Rückführungsphase wahrnehmen, verändert sich ihre affektive und normative Bindung zum Unternehmen. Wird Kurzarbeit als Beschäftigungssicherung angesehen, erhöht sich die Mitarbeiterbindung. Gegenteiliges ist der Fall, wenn Kurzarbeit als Ausnahmezustand im Arbeitsverhältnis empfunden wird. Eine solche Wahrnehmung wird erzeugt, wenn der Arbeitgeber versucht auf Kosten der Belegschaft Mitnahmeeffekte zu generieren und das Instrument Kurzarbeit zu missbrauchen. Obendrein können Wahrnehmungsverzerrungen dazu führen, dass Kurzarbeit in einem negativen Licht erscheint.

Aufgrund der Auswirkungen auf die Mitarbeiterbindung lässt sich folgern, dass Kurzarbeit als Einflussfaktor organisationalen Commitments fungiert. Ferner lassen die Ergebnisse darauf schließen, dass Kurzarbeit mit weiteren Einflussfaktoren der Mitarbeiterbindung korreliert.

Die Ausarbeitung kommt zu dem Schluss, dass es Ziel des Arbeitgebers sein sollte, die Mitarbeiter auf den „Pfad der Beschäftigungssicherung" zu führen. Gelingt dies, muss mit Kurzarbeit kein Trade-off zwischen der ökonomischen und psychologischen Wirkung verbunden sein. Vielmehr festigt die positive Wahrnehmung von Kurzarbeit die Vertrauensbasis und Beziehung zwischen Arbeitgeber und Arbeitnehmern, wodurch die positiven Auswirkungen einer stärkeren emotionalen und obligatorischen Mitarbeiterbindung zum Tragen kommen. Handlungsempfehlungen für den Einsatz von Kurzarbeit unter dem Gesichtspunkt des Erhalts und Ausbaus der Mitarbeiterbindung werden gegeben und zukünftige Forschungsfelder aufgezeigt.

INHALTSVERZEICHNIS

ABBILDUNGSVERZEICHNIS

ABKÜRZUNGSVERZEICHNIS

BA   -   Bundesagentur für Arbeit

BIP   -   Bruttoinlandsprodukt

BMAS   -   Bundesministerium für Arbeit und Soziales

HR   -   Human Resources

Ifo   -   Institut für Wirtschaftsforschung

Kug   -   Kurzarbeitergeld

NBER   -   National Bureau of Economic Research

OC   -   Organisationales Commitment

OCB   -   Organizational Citizenship Behavior

o.V.   -   ohne Verfasser

1 Einleitung

1.1 Relevanz des Themas

„[F]ür den Arbeitnehmer kann die Kurzarbeit eine ‚Schonzeit' sein, die vor Entlassung schützt, oder ebenso eine ‚Galgenfrist', falls die Kurzarbeit doch in Arbeitslosigkeit endet. Kurzarbeit signalisiert, dass der Arbeitsplatz in Gefahr ist. Umgekehrt signalisiert das Unternehmen dem betroffenen Mitarbeiter aber auch, dass es ihn während der Kurzarbeit – und vor allem danach – lieber behalten als entlassen möchte" (Crimmann/Wießner 2009: 2).

Kurzarbeit ist ein arbeitsmarktpolitisches Instrument der Personalbedarfsflexibilisierung, das in Deutschland während der weltweiten Finanzkrise[1] auf hohe Akzeptanz seitens Politik, Unternehmen und Gewerkschaften gestoßen ist. Trotz des stärksten Wachstumseinbruchs innerhalb der EU, sind die hiesigen Arbeitslosenzahlen im internationalen Vergleich nur leicht angestiegen. Selbst in der internationalen Presse wurde Kurzarbeit zu einer treibenden Kraft des „deutschen Jobwunders" in der Krise hochstilisiert (Möller/Walwei 2009). Dennoch werden Arbeitgeber durch die Regelungen der Kurzarbeit auch zu Mitnahmeeffekten und Missbrauch intensiviert. So treffen bei der Bundesagentur für Arbeit (BA) regelmäßig Meldungen ein, wonach trotz der Anordnung von Kurzarbeit, der gleiche Arbeitsumfang in kürzerer Zeit zu bewältigen sei (o.V. 2010). Das eingehende Zitat deckt die zwiespältige Lage auf, mit der sich Arbeitnehmer[2] während der Kurzarbeit auseinandersetzen müssen: einerseits stärkt das Unternehmen der Belegschaft den Rücken und zeigt, dass es an den Mitarbeitern festhalten möchte, andrerseits sehen sich die Arbeitnehmer durch die anhaltende Arbeitsplatzunsicherheit einer dauerhaften Drucksituation ausgesetzt, die darüber hinaus mit Gehaltseinbußen verknüpft ist. Zudem führt die steigende Zahl der öffentlich diskutierten Missbrauchsfälle dazu, dass dem Einsatz von Kurzarbeit oftmals skeptisch gegenübergetreten wird.

Dabei ist das Lob aufgrund des abschwächenden Effektes auf die Arbeitslosenzahlen nicht unberechtigt. BA-Chef Jürgen Weise betont, dass hierdurch mehr als 300.000 Arbeitsplätze gesichert worden seien (Caspary 2010). Aus Sicht der Unternehmen ermöglicht der Einsatz von Kurzarbeit den Erhalt spezifischen Humankapitals und die Einsparung von Such- und

---

[1] Wenn im Rahmen dieser Arbeit von der Finanz-, Kredit- oder Weltwirtschaftskrise die Rede ist, so umfasst dies den Zeitraum von Mitte 2008 bis zum Rechercheschluss Mitte 2010. Ausgehend vom Handel mit „faulen" Krediten, dem Zusammenbruch des US-amerikanischen Immobilienmarktes und der anschließenden Pleite der Investmentbank Lehman Brothers, kam es zu einem Einbruch der gesamten Weltkonjunktur, von dem insbesondere die Industrieländern bis heute stark betroffen sind.

[2] Jegliche Formulierungen in dieser Arbeit subsumieren sowohl das männliche als auch das weibliche Geschlecht.

Einstellungskosten. Arbeitgeber werden in der Krise staatlich unterstützt, um Entlassungen zu vermeiden und somit im Aufschwung über genügend qualifizierte Mitarbeiter zu verfügen, die die steigenden Auftragseingänge bearbeiten können. Aber auch der Staat sieht einen ökonomischen Nutzen in dieser Maßnahme. Die Ausgaben für das konjunkturelle Kurzarbeitergeld (geschätzte 5 Mrd. € im Jahr 2009) werden als wesentlich geringer eingestuft, als das ersatzweise zu zahlende Arbeitslosengeld (Caspary 2010).

Für die Arbeitnehmer hat Kurzarbeit jedoch neben einer ökonomischen auch eine psychologische Wirkung. Letztere zielt darauf ab, inwieweit Kurzarbeit als gegenseitiger Aufwand zwischen Unternehmen und Mitarbeitern empfunden wird. Im Sinne der Reziprozitätsnorm wird der Bund zwischen Arbeitgeber und Beschäftigten gestärkt, wenn beide Parteien gleich viel in die Zusammenarbeit investieren. Durch die Signalwirkung der Kurzarbeit haben Unternehmen demnach die Möglichkeit, Einfluss auf die Mitarbeiterbindung zu nehmen. Ob dieses Instrument dann seitens der Belegschaft als „Schon-„ oder „Galgenfrist" wahrgenommen wird, bestimmt letztendlich auch darüber, ob sich Kurzarbeit für das Unternehmen nachhaltig als Erfolgs- oder Misserfolgsmodell dargestellt.

Deeke (2009: 11) kommt zu dem Schluss, dass weiterreichende Untersuchungen zu den betrieblichen Kalkülen und Effekten konjunktureller Kurzarbeit fehlen. Die besondere Bedeutung der Kurzarbeit während der Finanzkrise und die in diesem Zusammenhang unzureichend erforschte Auswirkung auf das psychologische Verhältnis zwischen Arbeitgeber und Arbeitnehmern rechtfertigen somit eine nähere Betrachtung dieser Thematik.

1.2 Stand der Forschung

Die Forschung zur Mitarbeiterbindung kann bereits auf eine sehr lange Vergangenheit zurückblicken. Zunächst beschäftigten sich Autoren mit der Bedeutung von Mitarbeiterbindung und den Konsequenzen für Fehlzeiten und Fluktuation. Zeitgleich wurde ein Konstrukt für organisationales Commitment entwickelt, das aus mehreren Komponenten besteht, die ihrerseits unterschiedlich miteinander korrelieren und verschiedene Auswirkungen zeigen (vgl. etwa Becker 1960; Kanter 1968; Buchanan 1974; Mowday//Steers/Porter 1979, 1982). Eine der grundlegenden und meist zitierten Arbeiten stammt von Meyer und Allen (1991), die zeigen, dass Commitment als psychologischer Ansatz aus einer emotionalen (affektiven), obligatorischen (normativen) und fortsetzungsbezogenen (kalkulativen) Komponente besteht. Auf dieses Drei-Komponenten-Konzept stützt sich bis heute ein Großteil der Ausführungen zur Mitarbeiterbindung. Verschiedene Metaanalysen fassen weiterhin die im Einzelnen untersuchten Einflussfaktoren organisationalen Commitments zusammen (vgl. u.a. Mathieu/Zajac 1990; Cohen 1993; Meyer et al. 2002; Martín 2008; Westphal/Gmür 2009). Des Weiteren gehen die Autoren dieser Studien auf die Zusammenhänge des affektiven, normativen und kalkulativen Commitments untereinander sowie auf die Wirkung moderierender Variablen ein. Darüber hinaus werden die Auswirkungen beleuchtet, die die drei genannten Komponenten auf Faktoren wie Fluktuation, Fehlzeiten, Arbeitsleistung und Sozialverhalten haben.

Die konjunkturelle Kurzarbeit wurde bis heute, sicherlich nicht zuletzt durch den eher geringen Stellenwert in der Arbeitsmarktpolitik, vornehmlich aus ökonomischer Sicht betrachtet. Dabei ging es vor allem um die beschäftigungssichernde Wirkung und die Beweggründe aus Sicht der Arbeitgeber für den Einsatz von Kurzarbeit (vgl. u.a. Flechsenar 1979; Deeke 2005; Deeke 2009). Eichhorst/Marx (2009) und Sell (2009) stellen in ihren Ausarbeitungen die Ambivalenz der Kurzarbeit dar und unterziehen dieses Instrument einer kritischen Betrachtung aus einer ökonomischen Perspektive. Wissenschaftliche Untersuchungen zur psychologischen Wirkung – zu Herausforderungen und Problemen, die sich explizit im Rahmen der konjunkturellen Kurzarbeit für die betroffenen Arbeitnehmer ergeben – wurden bisher lediglich von Kock (1985) durchgeführt. Dessen Ergebnisse basieren allerdings ausschließlich auf Befragungen und werden nicht durch ein theoretisches Konstrukt gestützt. Darüber hinaus geben weitere Studien zu Arbeitszeitverkürzungen (vgl. u.a. Promberger 1997; Eberling/Henckel 1998), aktuelle Zeitungsberichte (u.a. Caspary 2009; Nahrendorf 2009) und Beiträge in Internetforen (Spiegel-Online) weitere Hinweise zu psychologischen Konsequenzen von Kurzarbeit, greifen jedoch ebenfalls nur auf empirische Daten zurück.

1.3 Zielsetzung und Gang der Arbeit

Bisher wurden Vorbehalte gegenüber der „Erfolgsstory" (Sell 2009: 3) Kurzarbeit vornehmlich aus ökonomischer, nicht aber aus psychologischer Sicht geäußert (mit Ausnahme von Kock, 1985). Zudem erfahren diese Vorbehalte selten eine breite Zustimmung; die positive arbeitsmarktpolitische Wirkung wird insgesamt also nicht angezweifelt. Über die psychologische Wirkung von Kurzarbeit, insbesondere den Effekt auf die Mitarbeiterbindung, ist jedoch wenig bekannt. Kock (1985) untersucht zwar die Meinung zur Kurzarbeit und erkennt psychologische Gefahren, betreibt aber keine weiterführende Recherche, die die Auswirkungen auf die Beziehungsebene zwischen Arbeitgeber und Arbeitnehmern hinterfragt.

Dies mag auch ein Grund dafür sein, warum in der Öffentlichkeit eine eher oberflächliche Diskussion über Missbrauchsfälle entstanden ist, ohne dabei die tatsächlichen Konsequenzen (abgesehen von den gesetzlichen Sanktionen) für das Unternehmen zu beleuchten. Auch scheint es, als ob die Arbeitgeber ausschließlich auf den ökonomischen Nutzen der Kurzarbeit fokussiert sind, weitere Chancen wie die Möglichkeit zur Stärkung der Mitarbeiterbindung jedoch außer Acht lassen.

Diese Forschungslücke soll in der vorliegenden Arbeit geschlossen werden. Konkret soll der Einsatz von Kurzarbeit und die damit verbundenen Auswirkungen auf das Konstrukt organisationalen Commitments nach Meyer und Allen (1991) theoretisch analysiert werden. Daraus ergeben sich folgende Forschungsfragen:

- Welche Faktoren beeinflussen die Wahrnehmung von Kurzarbeit?
- Wie wirkt sich der Einsatz von Kurzarbeit und dessen Wahrnehmung auf die affektive und normative Mitarbeiterbindung aus?
- Welche Konsequenzen ziehen in diesem Zusammenhang Missbrauchsfälle nach sich?
- Was sollte beim Einsatz von Kurzarbeit beachtet werden, wenn die Mitarbeiterbindung aufrechterhalten bzw. gestärkt werden soll?

Zur Beantwortung der Forschungsfragen wird wie folgt verfahren. Zunächst wird in Abschnitt 2.1 die konjunkturelle Kurzarbeit als zentraler Untersuchungsgegenstand von anderen Formen der Kurzarbeit abgegrenzt. Zudem wird auf die rechtlichen Regelungen zur Kurzarbeit und die Lockerung der Rahmenbedingungen während der Finanzkrise eingegangen. In Teil 2.2 hebt die Ausarbeitung die gesamtwirtschaftliche und arbeitsmarktpolitische Bedeutung der konjunkturellen Kurzarbeit hervor und beleuchtet die arbeitgeberseitigen Motive zu deren Einsatz. Im Anschluss daran folgt ein Blick auf die Ambivalenzen, die das Instrument Kurzarbeit mit sich führt. Insbesondere sollen entstehende Mitnahmeeffekte und Missbräuche dargelegt werden.

Kapitel 3 betrachtet daraufhin die bisherigen Erkenntnisse zur Mitarbeiterbindung. Zunächst wird das Drei-Komponenten-Modell organisationalen Commitments nach Meyer/Allen (1991) in Zusammenhang mit der Begriffsentstehung beschrieben und die Fokussierung auf affektives und normatives Commitment begründet. Dem schließen sich eine Abgrenzung zu verwandten Konstrukten (Abschnitt 3.1) sowie eine Vertiefung der Sozialtauschtheorie (3.2) an. Daraufhin werden in Abschnitt 3.3 die Einflussfaktoren affektiven und normativen Commitments und in Abschnitt 3.4 deren Ergebnisfaktoren betrachtet.

Im Anschluss motiviert eine spieltheoretische Analyse den Verlauf zweier unterschiedlicher Wahrnehmungspfade von Kurzarbeit aus Sicht der Arbeitnehmer (4.1). Diese Pfade untergliedern sich in die Wahrnehmung von Kurzarbeit als „Beschäftigungssicherung" (4.2) bzw. „Ausnahmezustand" (4.3). Im Zuge dessen werden verschiedene Aspekte (unternehmerischer Kontext, Kommunikation, berufliche und private Koordination, Übergang nach Kurzarbeit) während der Einführungs-, Durchführungs- und Rückführungsphase von Kurzarbeit untersucht und deren unterschiedliche Auswirkungen auf die Wahrnehmung von Kurzarbeit analysiert. Dabei sollen diese Aspekte und ihre Thematiken durch Zitate aus wissenschaftlichen Artikeln, Befragungen und Foreneinträgen im Internet illustriert werden. Im Anschluss daran wird auf den sozialen Austausch im Rahmen der Kurzarbeit (4.4) eingegangen, bevor in Abschnitt 4.5 eine Bewertung der Ergebnisse erfolgt und Handlungsempfehlungen für Arbeitgeber gegeben werden. Die Ausarbeitung endet schließlich in Kapitel 5 mit einer Diskussion, die die Ergebnisse einer kritischen Würdigung unterzieht und zukünftige Forschungsfelder aufzeigt.

2 Stellenwert und Ambivalenz der Kurzarbeit

2.1 Grundlagen

2.1.1 Abgrenzung der unterschiedlichen Formen von Kurzarbeit

Das Bundesministerium für Arbeit und Soziales (BMAS) unterscheidet zwischen der „Normalform" des Kurzarbeitergeldes (Kug) und „Sonderformen" des Kug. Letztere Gruppe umfasst das im Volksmund unter „Schlechtwettergeld" bekannte Saisonkurzarbeitergeld, das vor allem in witterungsabhängigen Branchen wie dem Baugewerbe in der Zeit vom 01.12. bis 31.03. zum Einsatz kommt. Außerdem zählt hierzu das Transferkurzarbeitergeld. Dieses kommt bei einem endgültigen Arbeitsausfall etwa durch Betriebsschließungen und Insolvenzen zum Tragen und soll den betroffenen Arbeitnehmern den Übergang in eine neue Beschäftigung erleichtern. Durch die Einbindung in Transfergesellschaften werden Entlassungen vermieden und die Vermittlungsaussichten verbessert (Sell 2009: 5).

Von den Sonderformen abzugrenzen ist die konjunkturelle Kurzarbeit.[3] Um den Einsatz dieses arbeitsmarktpolitischen Instruments zu legitimieren, muss ein erheblicher Arbeitsausfall aufgrund der konjunkturellen Lage oder des Eintretens außergewöhnlicher Ereignisse (z.B. Naturkatastrophen) entstanden sein. Dieser Ausfall muss vorübergehend und für das Unternehmen unvermeidbar sein. Das bedeutet, dass saisonbedingte Auftragseinbrüche oder der Nachfrageeinbruch in bestimmten Branchen die Bedingungen für einen Einsatz von Kurzarbeit nicht erfüllen. Sollte eine gesamtwirtschaftliche Schieflage zu einem Arbeitsmangel führen, müssen Unternehmen zunächst bezahlten Urlaub genehmigen und den Abbau von Überstunden ermöglichen. Erst danach kann Kurzarbeit beantragt werden. Ein solcher Antrag wird allerdings auch nur dann zugelassen, wenn mindestens ein Drittel der Beschäftigten auf mehr als 10 Prozent ihres Gehalts verzichten müssen (§§169ff. SGB III). Die gesetzliche Förderdauer beträgt dann maximal sechs Monate. Während dieses Zeitraums bekommen kinderlose Arbeitnehmer 60 Prozent ihres ausgefallenen Nettoeinkommens. Bei Arbeitnehmern, die ein oder mehrere Kinder zu versorgen haben, steigt dieser Anteil auf 67 Prozent. Die Beiträge zur Sozialversicherung müssen von Arbeitgebern und Arbeitnehmern in vollem Umfang bezogen auf 80 Prozent des Bruttolohns gezahlt werden (BA 2009).

---

[3] Im Folgenden impliziert der Begriff „Kurzarbeit" immer die konjunkturelle Kurzarbeit.

2.1.2 Regelungen der konjunkturellen Kurzarbeit während der Weltwirtschaftskrise

Im Zuge der Finanzkrise hat sich die Bundesregierung für eine Lockerung der Rahmenbedingungen für konjunkturelle Kurzarbeit entschieden. Durch die Gesetzesänderungen im Rahmen des Konjunkturpakets II sind ab dem 1. Februar 2009 zunächst die Voraussetzungen für Kurzarbeit heruntergesetzt worden. So kommt es zu einem Wegfall der ursprünglichen Ein-Drittel-Regelung, sodass auch solche Betriebe Kurzarbeit beantragen können, in denen ein geringerer Anteil der Mitarbeiter von Arbeitsausfällen betroffen ist. Ferner können fortan Kleinstbetriebe mit weniger als zehn Arbeitnehmern und Zeitarbeitsfirmen Kurzarbeit für ihre Beschäftigten beantragen (Brenke/Rinne/Zimmermann 2010: 11).

Zudem wurde im Laufe der Wirtschaftskrise eine stufenweise Ausdehnung des Bezugszeitraums vollzogen. Nach einer ersten Anhebung von maximal sechs auf zwölf Monate erfolgte im November 2008 eine weitere Verlängerung des KuG auf maximal 18 Monate. Im Mai 2009 wurde die Bezugszeit dann schließlich sogar auf 24 Monate ausgeweitet. Letztere Regelung gilt jedoch nur für Kurzarbeit, die im Laufe des Jahres 2009 aufgenommen wurde. Wer ab Januar 2010 verkürzt arbeiten muss, kann maximal 18 Monate Kurzarbeitergeld beziehen. Diese Regelung gilt bis Ende 2010, sodass bei einem Antrag zum Ende des Jahres Kurzarbeit maximal bis Mitte 2012 ausgeübt werden kann. Weiterhin ist für den Einsatz von Kurzarbeit kein negativer Saldo auf den Arbeitszeitkonten mehr erforderlich. Darüber hinaus soll der Wegfall bürokratischer Hürden den Einsatz von Kurzarbeit schneller und unkomplizierter gestalten. So ist etwa bei einer Unterbrechung von mehr als zwei Monaten keine erneute Beantragung vonnöten (Brenke/Rinne/Zimmermann 2010: 11).

Neben den gelockerten Bezugsvoraussetzungen und dem verlängerten Bezugszeitraum, wurden auch die Finanzierungsmöglichkeiten seitens der BA erweitert. So werden die zu zahlenden Sozialversicherungsbeiträge während der Kurzarbeitszeit ab dem siebten Monat halbiert. Bei der Durchführung von Qualifizierungsmaßnahmen für die Mitarbeiter entfällt die Zahlung des Arbeitgeberbeitrags in die Sozialkassen sogar komplett (BA 2010: 28ff.). Nicht zuletzt hat die in diesem Abschnitt beschriebene Vereinfachung des Bezugs von Kurzarbeitergeld zu dessen derzeitiger ökonomischer Bedeutung, aber auch zu dessen Ambivalenzen geführt.

2.2 Ökonomische Bedeutung während der Weltwirtschaftskrise

2.2.1 Gesamtwirtschaftliche und arbeitsmarktpolitische Bedeutung

„Kurzarbeit ist ein beschäftigungssicherndes Instrument, das man spätestens in der gegenwärtigen Krise hätte erfinden müssen, wenn es nicht schon existierte " (Scholz 2009: 4).

Mit dem Ausbruch der Finanzkrise hat sich der Stellenwert der Kurzarbeit schlagartig erhöht. Noch nie seit seiner Einführung im Jahre 1976 wurde dieses Instrument so stark in Anspruch genommen wie zuletzt. Um die Folgen des Wirtschaftseinbruchs – neben Irland der stärkste innerhalb der EU mit minus 6,9 Prozent im ersten Quartal 2009 – auf den Arbeitsmarkt abzufedern, unterstützt die Bundesregierung Unternehmen bei der Hortung ihrer Mitarbeiter. Trotz eines erheblichen Arbeitsausfalls aufgrund sinkender Auftragseingänge zeigt eine EU-weite Übersicht zur Entwicklung der Arbeitslosenzahlen im Vergleich von September 2009 zum Vorjahr, dass Deutschland mit 0,5 Prozent den mit Abstand niedrigsten Zuwachs zu verzeichnen hat (BA 2009: 13). Einem Rückgang der Produktion um 7 Prozent im ersten Quartal 2009 steht ein Rückgang des Arbeitsvolumens von nur 2,9 Prozent gegenüber (Bach/Spitznagel 2009: 2).

An der Spitze waren Mitte 2009 mehr als 1,4 Mio. Arbeitnehmer in über 63.000 Betrieben in Kurzarbeit. Insgesamt geht der Jahresdurchschnitt 2009 von etwa 1,1 Mio. Empfängern von Kurzarbeitergeld aus. Prognosen für 2010 sagen ein Mittel von ca. 600.000 Beschäftigten voraus. Die durchschnittliche Ausfallzeit belief sich dabei auf etwa 30 Prozent der normalen Arbeitszeit. Dies entspricht einem Beschäftigungsäquivalent von 350.000 bis 450.000 Arbeitsplätzen. In diesem Umfang entlastet die Kurzarbeit also die Arbeitslosigkeit und sorgt für das eingangs erwähnte und international mit Anerkennung beobachtete „Beschäftigungswunder" (BA 2009: 11).[4]

Kurzarbeitergeld ist in dieser Form weltweit einmalig. Zehn weitere Länder der EU, darunter u.a. Frankreich und Großbritannien, haben ähnliche Maßnahmen zur Stützung des Arbeitsmarktes (Scholz 2009: 4). Andere westliche Länder, aber auch aufstrebende Entwicklungsländer nutzen oder führen zurzeit entsprechende arbeitsmarktpolitische Instrumente ein, die sich aber untereinander sehr stark unterscheiden (Crimmann/Wießner/Bellmann 2010: 3).

---

[4] Der größte Anteil der Antragssteller von Kurzarbeit kommt mit über 70 Prozent aus dem verarbeitenden und produzierenden Gewerbe. Viele Großunternehmen, aber auch kleine und mittelgroße Betriebe greifen auf Kurzarbeit zurück. So waren unter den 809.680 Kurzarbeitern Ende 2009, 40 Prozent aus Betrieben mit weniger als 100 Mitarbeitern und über 12 Prozent sogar aus Kleinbetrieben mit weniger als 10 Arbeitnehmern (Creutzburg/Thelen 2010).

Obschon Kurzarbeit in Deutschland bereits seit 1976 existiert, hat sie bisher wenig Aufmerksamkeit erfahren. Einzig nach der Wiedervereinigung waren im Zuge der Umstrukturierung der ostdeutschen Wirtschaft etwa 1,6 Mio. Menschen vorübergehend in Kurzarbeit. Eine Krise im verarbeitenden Gewerbe 1993 führte letztmals zu einer verstärkten Nutzung des konjunkturellen Kurzarbeitergeldes. 760.000 Beschäftigte waren in dieser Zeit davon betroffen. Seit 1997 sind die Bezugszahlen jedoch kontinuierlich gesunken und beliefen sich in 2007, vor dem Konjunktureinbruch, auf etwa 68.000 (Eichhorst/Marx 2009).

Die Entlastung des Arbeitsmarktes finanziert die BA mit dem weltweit höchsten Budget für das Instrument Kurzarbeit.[5] So werden die Aufwendungen für 2009 auf etwa 5 Mrd. € geschätzt; für die Jahre 2010 und 2011 werden weitere 10 Mrd. € prognostiziert. Das ökonomische Kalkül der BA, das trotz der hohen Ausgaben den Einsatz von Kurzarbeit befürwortet, geht davon aus, dass die Zahlung des Kurzarbeitergeldes, die Erstattung der anteiligen Sozialabgaben und die steigenden Bürokratiekosten durch die Entlastung der Arbeitslosenversicherung überkompensiert werden (Creutzburg/Thelen 2010; Crimmann/Wießner/Bellmann 2010: 9).

Ferner geht von der Arbeitsplatzsicherung durch Kurzarbeit auch eine gesamtökonomisch weitreichende Wirkung aus. Vor allem konnte eine Panik durch Massenentlassungen verhindert werden. Eine mit Jobverlusten einhergehende Erhöhung der Sparquote konnte die Bundesregierung somit zumindest teilweise stoppen, sodass sich die negativen Folgen auf die Kaufkraft und das Konsumverhalten – nicht zuletzt gestützt durch weitere Konjunkturmaßnahmen wie etwa der Umweltprämie für Altwagen – weitestgehend ausblieben. Kurzarbeit dient also zur Stärkung bzw. zum Erhalt der Binnennachfrage, die in der aktuellen Krise aufgrund sinkender Exportzahlen für wirtschaftliche Stabilität sorgen soll (Scholz 2009: 4f.).

Auch aus Sicht der Arbeitgeber steht hinter dem Einsatz von Kurzarbeit ein ökonomisches Kalkül. Sell (2009: 3) spricht in diesem Zusammenhang auch von einer „volks- und betriebswirtschaftlich innovative[n] Doppelfunktionalität der Kurzarbeit", da sowohl der Staat, als auch die Privatwirtschaft (Unternehmen und ihre Beschäftigte) von diesem Instrument profitieren können. Im Folgenden sollen die arbeitgeberseitigen Motive zum Einsatz von Kurzarbeit erläutert werden.

---

[5] Das konstant hohe Niveau der Sozialabgabenübernahme durch die BA im ersten Quartal 2010, lässt auf eine weiterhin hohe Nutzung der Kurzarbeit schließen. Im Vergleich zum ersten Quartal 2009 lagen die Ausgaben für Sozialabgaben Anfang 2010 fast 5-mal so hoch (260 Mio. € in 2009 gegenüber 1,2 Mrd. € in 2010) (Creutzburg/Thelen 2010).

2.2.2 Arbeitgeberseitige Motive zum Einsatz von Kurzarbeit

Aufgrund des Auftragsmangels verdienen die Arbeitnehmer im Betrieb mehr als es ihrer marginalen Produktivitätsrate entspricht. Dadurch sinkt die Nachfrage nach Arbeit. Da der Faktor Arbeit kurzfristig nicht durch Kapital, etwa in Form neuer Maschinen, ersetzt werden kann, müssen die Unternehmen entweder mit Entlassungsmaßnahmen oder einer Reduzierung des Arbeitsvolumens reagieren (Cirmmann/Wießner/Bellmann 2010: 7). Es ergeben sich somit zwei Optionen: Die Mitarbeiter freisetzen und bei Bedarf wieder einstellen, wodurch sich Kosten der Entlassung und Wiedereinstellung ergeben, oder die Mitarbeiter horten, woraus ein erhöhter Koordinationsaufwand und Remanenzkosten resultieren. Crimmann/ Wießner/Bellmann (2010: 35) stellen hierzu fest, dass Unternehmen in Deutschland während der Finanzkrise vorzugsweise „flexibility by hours" anstatt „flexibility by numbers" praktizieren - mit anderen Worten also auf Kurzarbeit setzen.

Sell (2009: 3) führt als Hauptgrund für dieses Vorgehen die Überbrückungsfunktion von Kurzarbeit und die damit verbundene Vermeidung von Entlassungskosten an. Hierzu zählen etwa Abfindungszahlungen, Sozialplankosten oder Gerichtskosten in Folge von Kündigungsschutzklagen. Diese Aufwendungen machen aber nur einen Bruchteil der Kosten aus. Viel schwerer wiegt zumeist der Verlust des Humankapitals - unter Umständen sogar direkt an die Konkurrenz. Dieser schlägt finanziell noch viel mehr zu Buche, wenn die Wiedereinstellungs- und Einarbeitungskosten in Betracht gezogen werden. Bedingt durch den demographischen Wandel und den Mangel an Fach- und Führungskräften wird es für Unternehmen immer teurer in Zeiten des Aufschwungs den steigenden Personalbedarf wieder zu decken. Arbeitgeber stehen folglich vor weitreichenden betriebswirtschaftlichen Überlegungen (BA 2009: 15):

- Zeichnet sich eine Verbesserung der Auftragslage ab und ist es deshalb wirtschaftlich, die Stammbelegschaft zu halten?
- Was ist finanziell sinnvoller: Fachkräfte jetzt zu horten oder zu entlassen und nach der Krise erneut zu rekrutieren?
- Wie hoch ist das Angebot ausreichend qualifizierten Personals auf dem Arbeitsmarkt?

Das ökonomische Kalkül der Unternehmen ist folglich eine Abwägung zwischen den Folgekosten von Entlassungen und den Kosten der Kurzarbeit (Scholz 2009: 5). Letztere beliefen sich in 2009 aus Sicht der Unternehmen auf etwa 4,2 bis 6 Mrd. €. Zwar müssen die Unternehmen für die ausgefallenen Arbeitsstunden keine Löhne und Gehälter zahlen, dennoch verbleiben ihnen ein Teil der Lohnnebenkosten - die oben bereits erwähnten Remanenzkosten. Diese können sich auf bis zu 48 Prozent (bei voller Sozialbeitragspflicht und einer tarifvertraglichen Nettolohnsicherung[6] von bis zu 90 Prozent) der normalen Personalkosten pro Ausfallstunde belaufen und richten sich danach, wie hoch der arbeitgeberseitige Zuschuss zum Kurzarbeitergeld ausfällt und wie hoch der Anteil der von der BA übernommenen Sozialbeiträge ist. Bei voller Übernahme der Lohnnebenkosten fallen durchschnittliche Remanenzkosten von 24 Prozent an. Insgesamt machen die verbleibenden Kosten also einen nicht unerheblichen Teil (etwa 0,4 bis 0,6 Prozent) der gesamten Personalkosten aus. Dieser Anteil liegt im produzierenden Gewerbe sogar noch höher (Bach/Spitznagel 2009: 5ff.).

Dem gegenüber stehen allerdings Fluktuationskosten, die sich bei qualifizierten Arbeitskräften auf durchschnittlich 32.000 € und bei gering qualifizierten Arbeitskräften auf etwa 7.000 € belaufen (Bach/Spitznagel 2009; Bach et al. 2009). Dass sich viele Unternehmen dieser hohen Fluktuationskosten bewusst sind, zeigt sich daran, dass eine Vielzahl von Kleinbetrieben mit weniger als zehn Mitarbeitern verstärkt auf Kurzarbeit setzt, obwohl ihre Arbeitnehmer geringeren Kündigungsschutzvorschriften unterliegen (Creutzburg/Thelen 2010). Eichhorst/Marx (2009) sehen durch den Einsatz von Kurzarbeit sogar den langfristigen Erhalt deutscher Qualitätsstandards und erwarten steigende Innovationsfreude, da die institutionelle Absicherung langfristiger Beschäftigungsverhältnisse Anreize schafft, in spezifisches Humankapital zu investieren.[7]

Die betriebswirtschaftlichen Motive der Arbeitgeber zeigen, dass Kurzarbeit für die Unternehmen während der Weltwirtschaftskrise ein essenzielles Instrument zur Flexibilisierung des Personalbedarfs darstellt. Auch geben die Arbeitsmarktzahlen kaum Anlass dazu, am ökonomischen Erfolg dieses Instruments zu zweifeln. Dennoch bringen Kurzarbeit, und insbesondere die gelockerten Rahmenbedingungen sowie mangelnde Kontrollen seitens der BA, Ambivalenzen mit sich, die von legalen Mitnahmeeffekten bis hin zum gesetzeswidrigen Missbrauch reichen.

---

[6] Im Normalfall sinken die Lohnkosten für die Unternehmen proportional zur Arbeitszeit. Tarifliche Regelungen können jedoch den Lohn unterproportional zur Arbeitszeitverringerung sinken lassen. Daraus ergeben sich Mehrkosten für die Unternehmen, denn diese müssen die von der BA für die Ausfallzeiten gezahlten Löhne und Gehälter bis auf einen bestimmten Prozentsatz oder "Mindestlohn" aufstocken (Bach/Spitznagel 2009: 3).
[7] Gegen diese Vermutung spricht allerdings die Tatsache, dass wenige Unternehmen ihre Mitarbeiter in Weiterbildungsmaßnahmen entsenden, obschon diese vom Staat durch die volle Sozialabgabenerstattung subventioniert werden (Nahrendorf 2009).

2.3 Ambivalenz der konjunkturellen Kurzarbeit

2.3.1 Anreiz zu Mitnahmeeffekten

„Die Kurzarbeit ist mit Blick auf das Arbeitsverhältnis ein Ausnahmezustand mit reduzierter Regelarbeitszeit" (Sell 2009: 5).

Einer der Hauptkritikpunkte der Kurzarbeit ist, dass sie bei den Arbeitnehmern Angst vor dem Arbeitsplatzverlust schürt und Unternehmen durch die gelockerten Rahmenbedingungen zu Mitnahmeeffekten anreizt. Eine solche „missbräuchliche" Inanspruchnahme ist nach Sell (2009: 4) jedoch nicht mit den in der Öffentlichkeit diskutierten Missbrauchsfällen gleichzusetzen, sondern beschreibt eine „Verfehlung der eigentlichen Funktionalität dieses Instruments", die durch immer einfachere Zugangsvoraussetzungen geschaffen wird. Somit entsteht die Gefahr, dass Kurzarbeit zu einer „faktischen Sozialisierung betrieblicher Risiken auf Kosten der Beitragszahlergemeinschaft führt" und die „scheinbare Interessenidentität von Regierung, Arbeitgebern und Gewerkschaften" aufgehoben wird (Sell 2009: 4f.). Mit anderen Worten birgt Kurzarbeit viele Unsicherheiten, weil schwer abzusehen ist, ob sie wieder in Vollbeschäftigung oder letztendlich doch in Entlassungen endet. Für die Mitarbeiter kann sich hieraus ein dauerhafter Ausnahmezustand ergeben (Sell 2009: 5ff.; Deeke 2009: 11f.).
Tritt letzterer Fall ein, müssen der Staat und somit alle sozialversicherungspflichtigen Beschäftigten doppelt zahlen: Zum einen das ursprüngliche Arbeitslosengeld und zum anderen das bis zur Entlassung subventionierte Kurzarbeitergeld. Somit wird der effektive Bezugszeitraum, der gleichbedeutend als Belastungszeitraum für die Arbeitslosenversicherung anzusehen ist, von 18 bzw. 24 auf bis zu 48 Monate ausgedehnt (Sell 2009). Bach et al. (2009) sehen die Verlängerung der Bezugsfrist gar als Widerspruch zu den positiveren Arbeitsmarktprognosen für das Jahr 2010, in dem weniger Kurzarbeit gefahren und Arbeitszeitkonten aufgebaut werden sollen. Der selben Meinung sind Reinhardt/Rogoff (2009), die den Erfolg der Kurzarbeit generell nicht vorschnell beurteilen wollen. Ihre Untersuchungen zeigen, dass die negativen Auswirkungen vergleichbarer Finanzkrisen, auf das Produktionsvolumen etwa zwei und auf den Arbeitsmarkt sogar bis zu fünf Jahre dauern. Aus diesem Grund fordert Sell (2009: 6f.), dass die Sozialisierung betrieblicher Kosten nicht über das Maß der bis dato subventionierten Arbeitszeitverkürzungen hinausgehen sollte, um einer Verstärkung der Mitnahmeeffekte vorzubeugen. Scholz (2009) dagegen sieht trotz der gelockerten Rahmenbedingungen eine Begrenzung von Mitnahmeeffekten durch den Interessenausgleich zwischen Arbeitnehmern und Arbeitgeber – eine Partei verzichtet auf einen Teil ihres Gehalts während die andere die Remanenzkosten trägt.

„Kurzarbeit kann - so erfolgreich sie kurzfristig auch ist – einen krisenbedingten Arbeits-
platzabbau allenfalls verschieben, nicht jedoch vollständig verhindern" (Adamy 2009: 13).

Eichhorst/Marx (2009) argumentieren, dass es durch Kurzarbeit zu einer staatlich subventionierten Verhinderung eines strukturellen Wandels am Arbeitsmarkt kommen kann. Obiges
Zitat verdeutlicht diese Problematik. Unumgängliche Umstrukturierungs- und Rationalisie-
rungsmaßnahmen werden durch Kurzarbeit möglicherweise nur verzögert, führen aber am
Ende doch zu Mitarbeiterentlassungen. Dadurch werden neben dem Staat, ebenso die Arbeitnehmer ausgenutzt, indem die Unternehmen ihre Erwartungsunsicherheiten auf die Belegschaft abwälzen (Sell 2009). Eichhorst/Marx (2009: 3) sehen in diesem Zusammenhang die
Gefahr von fehlgeleiteten Signalen seitens der Politik, die den Eindruck erweckt, Kurzarbeit
könne mittelfristig jegliche Art von Entlassungen vermeiden. Daher bezeichnen sie auch den
in Frankreich gebräuchlichen Begriff der „Teilarbeitslosigkeit" als zutreffender. Kock (1985)
kritisiert weiterhin, dass Kurzarbeit als strategisch angelegtes Rationalisierungskonzept
eingesetzt wird, das zur Flexibilisierung des Arbeitskräfteeinsatzes und zur Senkung der
Personalkosten dient. Die Intention des Arbeitsförderungsgesetzes wird demnach ins Gegenteil verkehrt, da die Anpassung an konjunkturelle und strukturelle Veränderungen des
Marktes auf Kosten der Arbeitnehmer und der Arbeitslosenversicherung gehen. Kommt es zu
einem solchen „Funktionswandel" der Kurzarbeit, ist diese gleichbedeutend mit einem
„Übergangsstadium in die Arbeitslosigkeit" (Kock 1985: 23).

Die Mitnahmeeffekte zeichnen sich insgesamt dadurch aus, dass sie sich nach wie vor in
einem legalen Rahmen bewegen. Dennoch versuchen viele Organisationen diesen Rahmen bis
an den Rand auszuschöpfen wie die kritischen Stimmen verdeutlichen. Aber nicht nur
Unternehmen versuchen auf den „Zug" Kurzarbeit aufzuspringen. Auch private Haushalte,
Sportvereine, Ärzte und sogar Kirchengemeinden reichen Anträge auf Kurzarbeit für ihre
Mitarbeiter ein. So sind etwa Fälle bekannt, in denen Kurzarbeit für Hausmädchen beantragt
wurde, weil ein oder mehrere Haushaltsmitglieder ihrerseits in Kurzarbeit waren und folglich
selbst Zeit zur Erledigung der Aufgaben hatten. Eisdielen beabsichtigten Kurzarbeitergeld für
den strukturschwachen Winter zu erhalten und ein Eishockeyverein, der die Playoffs verpasst
hatte, wollte das Kurzarbeitergeld für seine Spieler während der verlängerten Sommerpause in
Anspruch nehmen. Selbst eine Kirchengemeinde stellte den Antrag auf Kurzarbeit für ihre
Messdiener mit der Begründung sinkender Gottesdienstbesucher durch die wirtschaftlich
schwierigen Zeiten. Diese Beispiele zeigen, dass sich durch die gelockerten Rahmenbedingungen der Kurzarbeit eine regelrechte „Subventionsmentalität" entwickelt hat (Adamek/Otto

2009). Obwohl die eben genannten Anträge auf Kurzarbeit allesamt nicht bewilligt wurden, liegt die Ablehnungsquote bei unter einem Prozent (Becker-Wenzel/Judzikowski/Sperling 2009). Hinzu kommt die Überauslastung der BA, der weder genügend Zeit bleibt die Anträge eingehend und mit der notwendigen Sorgfalt zu prüfen, noch die Einhaltung bestehender Bestimmungen flächendeckend zu kontrollieren. Dennoch profitiert der Großteil der Antragssteller immer noch legal vom Kurzarbeitergeld, ein geringerer Teil wiederum betrügt und missbraucht die Kurzarbeit augenscheinlich (Becker-Wenzel/Judzikowski/Sperling 2009; Adamek/Otto 2009).

2.3.2 Anreiz zum Missbrauch

Im Gegensatz zu Mitnahmeeffekten impliziert der Begriff Missbrauch einen Verstoß gegen bestehendes Recht. Dieses illegale Verhalten und die daraus zu befürchtenden rechtlichen Konsequenzen nehmen viele, insbesondere kleine bis mittelständische Unternehmen, billigend in Kauf. So häuft sich die Zahl der Vorfälle, in denen Unternehmen Kurzarbeit anmelden, ihre Mitarbeiter aber dennoch in Vollzeit arbeiten lassen (o.V. 2010).[8] Dabei ist die Ausnutzung häufig weniger offensichtlich. Viele Betriebe treffen offizielle Kurzarbeiterregelungen, fordern ihre Mitarbeiter aber simultan dazu auf, das gleiche Arbeitsvolumen in kürzerer Zeit abzuwickeln. Zwar werden selbst diese Aufforderungen selten laut, dennoch wird unter dem Vorwand der wirtschaftlichen Schieflage eine zusätzliche Drucksituation aufgebaut. Vor allem Firmen ohne Betriebsrat vertrauen darauf, von den wenigen, stichprobenartigen Kontrollen der Kurzarbeit ausgelassen zu werden oder die oftmals nicht hinreichend dafür ausgebildeten Mitarbeiter der BA täuschen zu können. So wird der überwiegende Teil der Verdachtsfälle aufgrund anonymer Hinweise der eigenen Mitarbeiter bekannt, die dann auch erste Ansprechpartner bei den Ermittlungen der Staatsanwaltschaft sind.

Verschiedene Wege des Missbrauchs sind der BA mittlerweile bekannt. Bei der am häufigsten verbreiteten Praktik lässt der Arbeitgeber die Beschäftigten gemäß der beantragten Kurzarbeitszeit ausstempeln, daraufhin an ihren Arbeitsplatz zurückkehren und, ohne einem Versicherungsschutz zu unterliegen, weiterarbeiten. Auch berichten Mitarbeiter der BA von Fällen, in denen für die Arbeitszeiterfassung zwei Lochkarten benutzt wurden oder die gearbeiteten Stunden im Zeiterfassungssystem zurückgesetzt wurden. In weiteren Fällen

---

[8] Anfang 2010 belief sich die Zahl der bei der BA eingegangenen Verdachtsfälle auf 846, die sich bei 132 Unternehmen derart verhärtet hätten, dass die Fälle an die Staatsanwaltschaft abgegeben wurden. Die Überprüfung weiterer Anzeigen steht noch aus. Erste Strafverfahren wurden bisher eingeleitet, aber noch nicht abgeschlossen (o.V. 2010).

wurde bei Krankheit der Mitarbeiter nicht der gesetzliche Lohn fortgezahlt, sondern Kurzarbeit beantragt, um die finanziellen Belastungen des Unternehmens so gering wie möglich zu halten. Außerdem wurde Fällen nachgegangen, in denen die Mitarbeiter, auf Druck des Arbeitgebers, auf Urlaub verzichtet haben und an Stelle dessen für diese Zeit in Kurzarbeit treten mussten. Der Fahrer einer Spedition berichtet davon, sich auf der Kurzarbeit drei Tage ausgeschlafen zu haben, da anstelle der normalen Vergütung während der gesetzlichen Ruhezeiten Kurzarbeitergeld gezahlt wurde (Becker-Wenzel/Judzikowski/Sperling 2009; Adamek/Otto 2009).

Dabei kann der aufgedeckte Missbrauch von Kurzarbeit für Arbeitgeber- und Arbeitnehmerseite strafrechtliche Konsequenzen haben. Unternehmen müssen nicht nur damit rechnen, die zu Unrecht bezogenen Leistungen finanziell zurückzuerstatten, sondern sie müssen sich auch einer Anklage wegen Betrugs und dem Erschleichen öffentlicher Leistungen gegenübersehen. Arbeitnehmer, die das Verhalten des Arbeitgebers wissentlich tolerieren und Falschaussagen gegenüber der Staatsanwaltschaft tätigen, machen sich der Beihilfe des Betrugs strafbar (Brambusch/Dunkel/Gassmann 2009: 2; BA 2010a: 34f.; BA 2010b: 18).

Auch wenn dem konkreten Missbrauch von Kurzarbeit bisher nur in einem Bruchteil aller Fälle nachgegangen wird, vermuten die Staatsanwaltschaften, dass sich diese Zahlen spätestens dann vervielfachen, wenn die Mitarbeiter am Ende doch entlassen werden und Anzeige gegenüber ihrem ehemaligen Arbeitgeber erstatten. Da die gelockerten Regelungen im äußersten Fall bis Ende Juni 2012 gelten und insbesondere die wirtschaftlich stark angeschlagenen Unternehmen versuchen werden, solange wie möglich Kurzarbeit zu fahren, ist also zu erwarten, dass die Anzeigen wegen Missbrauchs auch weiterhin nicht nachlassen (Brambusch/Dunkel/Gassmann 2009: 2).

Mitnahmeeffekte und Missbrauchsfälle zeigen nunmehr, dass Kurzarbeit durchaus ambivalent angesehen werden muss. So kann durch dieses Instrument nicht nur ein ökonomisches Ungleichgewicht auftreten. Auch kann Kurzarbeit während der Durchführung eine unterschiedliche psychologische Wirkung auf die betroffenen Arbeitnehmer ausstrahlen. Je nachdem, ob diese Wirkung positiv oder negativ ausfällt, beeinflusst sie die Bindung der Mitarbeiter gegenüber dem Arbeitgeber. Dieses psychologische Bindungskonstrukt, das in einschlägiger Literatur unter dem Begriff des organisationalen Commitments diskutiert wird, soll nun im Folgenden erörtert werden.

3 Das dreidimensionale Konstrukt organisationalen Commitments

3.1 Begriffsentstehung und Abgrenzung

Der Begriff des organisationalen Commitments (OC) unterliegt seit den Anfängen der Forschung keiner einheitlichen Definition. Vielmehr fallen die Erkenntnisse über Bedeutung und Auswirkungen in einen fortlaufenden Veränderungsprozess, der insbesondere durch die Arbeiten von Becker (1960), Kanter (1968), Buchanan (1974) und Mowday/Porter/Steers (1979, 1982) geprägt wurde. Als ein Meilenstein im Laufe dieses Prozesses kann der einflussreiche Aufsatz von Meyer/Allen (1991) bezeichnet werden, der OC als psychologisches Konstrukt betrachtet. Dieses Konstrukt bildet die Grundlage der vorliegenden Arbeit.

„Organizational commitment can be defined generally as a psychological link between the employee and his or her organization that makes it less likely that the employee will voluntarily leave the organization. Although early work in the area was characterized by various, and often conflicting, unidimensional views of the construct, organizational commitment is now widely recognized as a multidimensional work attitude" (Meyer/Allen 1996: 252). Dieses in der Definition beschriebene, multidimensionale Konstrukt lässt sich in eine affektive, normative und kalkulative Bindungskomponente unterteilen.

Nach Meyer/Allen (1991) zählen die ersten beiden Bindungskomponenten zur psychologischen Perspektive organisationalen Commitments, wohingegen letztere als ökonomische Sichtweise einzuordnen ist. „Continuance commitment refers to an awareness of the costs associated with leaving the organization. Employees whose primary link to the organization is based on continuance commitment remain because they need to do so" (Meyer/Allen 1991: 67). Gemäß ihrer Definition hängt die kalkulative Mitarbeiterbindung also einzig von den Kosten ab, die ein Verbleib bzw. Wechsel der Organisation verursachen würde. Westphal/Gmür (2009: 203) sprechen aus diesem Grund auch von einer „Bindung mit Zwangscharakter". Grundlegend ist hierbei die Arbeit von Becker (1960), die im Rahmen der sogenannten Side-Bet-Theorie das ökonomische Kalkül erläutert. Demnach entsteht kalkulatives Commitment aufgrund irreversibel getätigter Investitionen und eines Mangels an alternativen Beschäftigungsmöglichkeiten. So würde spezifisches Humankapital bei einem Arbeitsplatzwechsel genauso verloren gehen wie die Beziehungen zu den Kollegen oder die erreichte Position im Unternehmen. Auch privat würden Umzugskosten oder die Aufgabe des Freundeskreises zu hohen Nutzeneinbußen führen (van Dick 2004: 47). Folglich erhöhen alle Investitionen, die direkt oder indirekt in Verbindung mit dem aktuellen Arbeitgeber stehen, die Vorteilhaftigkeit des Verbleibs in einer Organisation.

Im Rahmen der Kurzarbeit ergeben sich für einen Arbeitnehmer vor der Einführung zwei Wahlmöglichkeiten: das Unternehmen zu verlassen oder zu bleiben. Der mit dem Übergang in Kurzarbeit verbundene Verbleib geht auf Kosten eines niedrigeren Gehalts. Ein rationaler Arbeitnehmer bewertet die Kosten seiner beiden Wahlalternativen und entscheidet sich für den Verbleib im Unternehmen, wenn der Gehaltsverzicht geringer ist als die Kosten eines Arbeitsplatzwechsels. Letztere beinhalten etwa die Gefahr in Arbeitslosigkeit abzurutschen, Kosten der Arbeitsplatzsuche sowie soziale (Verlust des sozialen Status) und wirtschaftliche (Ungewissheit über zukünftiges Gehalt) Unsicherheiten (Crimmann/Wießner/Bellmann 2010: 9). Da das ökonomische Kalkül in Verbindung mit Kurzarbeit in Kapitel 2 bereits umfassend dargestellt wurde, soll die Betrachtung kalkulativen Commitments im weiteren Verlauf vernachlässigt werden. Vielmehr bedarf es für die Untersuchung der psychologischen Effekte von Kurzarbeit auf die Mitarbeiterbindung einer näheren Betrachtung affektiven und normativen Commitments.

Affektives Commitment ist die meist erforschte Komponente organisationalen Commitments. „Affective Commitment refers to the employee's emotional attachment to, identification with, and involvement in the organization. Employees with a strong affective commitment continue employment because they want to do so" (Meyer/Allen 1991: 67). Diese Definition betont explizit den freien Willen als Basis für die Mitarbeiterbindung. Der emotionale Bund mit dem Unternehmen sorgt dafür, dass die Belange der Organisation auch eine hohe persönliche Bedeutung besitzen und die Arbeitnehmer mit ihrem Arbeitgeber ein starkes Gefühl der Zugehörigkeit empfinden (vgl. Buchanan 1974; Mowday/Porter/Steers 1982; van Dick 2004). Hohes affektives Commitment bewirkt außerdem, dass Verluste des Unternehmens als die eigenen angesehen werden, verändernden Maßnahmen positiv gegenübergetreten wird und Kultur und Werte der Organisation verinnerlicht und gelebt werden (Eisenberger et al. 1986: 834f.).

Normatives Commitment hingegen „(...) reflects a feeling of obligation to continue employment. Employees with a high level of normative commitment feel that they ought to remain with the organization" (Meyer/Allen 1991: 67). Diese Art von Selbstbindung an die Organisation resultiert ähnlich wie affektives Commitment aufgrund des Gefühls, der Organisation etwas zurückgeben zu müssen. Jedoch beruht dieses Gefühl nicht auf einer emotionalen, sondern auf einer moralisch-ethischen Bindungsebene, auf der sich ein Verpflichtungsempfinden entwickelt (Wiener 1982). Hat der Arbeitgeber z.B. eine Aus- oder Weiterbildung bezahlt, fühlt sich der Arbeitnehmer verpflichtet, diese getätigten Investitionen in Form seiner Treue und Loyalität gegenüber dem Unternehmen zurückzugeben (van Dick 2004). Meyer/Allen (1990: 4) konstatieren, dass sich ein solches Pflichtgefühl sowohl vor dem Eintritt in die Unternehmung („familial/cultural socialization") als auch danach („organizational socialization") herausbilden kann.

Affektives und normatives Commitment korrelieren stark positiv miteinander wie Meyer/Allen (1991) in ihren Untersuchungen nachweisen. Dementsprechend haben beide Komponenten auch nahezu identische Einflussfaktoren (siehe Abschnitt 3.3), die lediglich in der Stärke des Zusammenhangs variieren. Eine eindeutige Trennung kann hingegen zum kalkulativen Commitment vollzogen werden. Dieses steht sowohl mit der emotionalen, als auch mit der fortsetzungsbezogenen Bindungskomponente in einem negativen Zusammenhang und wird zudem von anderen Faktoren beeinflusst (Westphal/Gmür 2009).[9] Dementsprechend hat eine Vernachlässigung kalkulativen Commitments keine Auswirkungen auf die weitere Analyse. Ein grundlegendes Konzept auf dem affektives und normatives Commitment basieren, ist die Theorie des Sozialtauschs. Diese soll im Folgenden einer näheren Betrachtung unterzogen werden.

3.2 Die Theorie des Sozialtauschs

Als theoretische Grundlage für die Entstehung affektiven und normativen Commitments wird vor allem die soziale Tauschtheorie (Social Exchange Theorie) zitiert (vgl. Homans 1961; Blau 1964). Homans (1961: 13) definiert den sozialen Austausch „as an exchange of activity, tangible or intangible, and more or less rewarding or costly, between at least two persons." Dabei ist zwischen dem sozialen und ökonomischen Tausch in vielerlei Hinsicht zu differenzieren. Letzterer beruht auf einer vertraglichen Vereinbarung, die den jeweiligen Gegenüber dazu verpflichtet, zu einem bestimmten Zeitpunkt eine festgelegte Gegenleistung zu erbringen. Der ökonomische Tausch stellt folglich die Bedingung, dass der Nutzen quantifizierbar ist und über Geld als Zahlungsmittel abgebildet werden kann. Aufgrund des bindenden Charakters kann eine ökonomische Transaktion sowohl einmalig als auch wiederholt stattfinden (Blau 1964).

---

[9] Die hohe positive Korrelation zwischen affektivem und normativem Commitment hat einige Wissenschaftler dazu veranlasst, den Nutzen einer separaten Skala zur obligatorischen Bindungswirkung zu erforschen (vgl. etwa Ko/Price/Mueller 1997). Cohen (1996) sieht dennoch genügend Unterscheidungsmerkmale, die eine differenzierte Betrachtung von affektivem und normativem Commitment rechtfertigen. Vor allem führt er diesbezüglich die unterschiedlichen Auswirkungen der beiden Komponenten auf die verschiedenen Ergebnisfaktoren organisationalen Commitments an. Der Differenzierung zwischen affektivem und normativem Commitment schließen sich die Ausführungen dieser Arbeit an. Allerdings sind die in Zusammenhang mit Kurzarbeit stehenden Einflussfaktoren derart deckungsgleich, dass aus Gründen der Übersichtlichkeit eine gemeinsame Analyse in Kapitel 4 erfolgt.

Der soziale Austausch hingegen beruht auf keiner expliziten Vereinbarung. Folglich sind sowohl Art als auch Zeitpunkt der Gegenleistung ungewiss. Somit muss die Partei, die in der Austauschbeziehung in Vorleistung getreten ist, auf das reziproke Verhalten der anderen vertrauen.[10] Eine solche Vertrauensgrundlage kann jedoch lediglich bei wiederholter Interaktion zweier Akteure geschaffen werden. Andernfalls wäre es für beide Parteien irrational zu vertrauen, da sie von der jeweils anderen opportunistisch ausgenutzt werden könnten. Dementsprechend ist eine langfristig angelegte Beziehung zweier Parteien, in der sich Gefühle wie Verpflichtung, Dankbarkeit und Vertrauen entwickeln können, Grundlage für den sozialen Austausch (Blau 1964: 92ff.).

Der Sozialtausch kann extrinsisch oder intrinsisch motiviert sein. Erste Form richtet ihr Interesse auf „Güter" wie Anerkennung und Unterstützung durch den Transaktionspartner, letztere beschreibt eine gemeinsame Aktivität aufgrund des Interesses an einer Beziehung mit der anderen Partei. Partner im Sozialtausch können entweder einzelne Personen, aber auch ganze Personengruppen oder Organisationen (im Sinne einer juristischen Person wie im Falle von Kapitalgesellschaften) sein. Dabei wird der Austauschprozess von der Entwicklungsstufe der Beziehung (Frühstadium, langjährige Beziehung), der Art der Beziehung (innig bis distanziert), der Art und Stärke des Nutzenzuwachses sowie den verursachten Kosten und dem sozialen Kontext (Gleichstellung der Transaktionspartner oder Hierarchiefolge) beeinflusst (Blau 1964: 97ff.).[11]

Im Arbeitsverhältnis kommt es zwischen Arbeitgeber und Arbeitnehmer zu einem auf Dauer angelegten ökonomischen wie sozialen Austauschprozess. Dessen Wirkung ergibt sich explizit und implizit aus dem Arbeitsvertrag zwischen beiden Parteien. Dabei erfüllt der Arbeitnehmer die ihm zugetragene Aufgabe, wofür der Arbeitgeber wiederum an den Arbeitnehmer ein Leistungsentgelt entrichtet. Über diese ökonomische Transaktion hinaus haben beide Parteien aber noch weitere arbeitgeber- bzw. arbeitnehmerseitige Pflichten zu erfüllen. Diese sind in den wenigsten Fällen eindeutig definiert. So muss der Arbeitgeber etwa seiner Fürsorgepflicht nachkommen und für Arbeitssicherheit am Arbeitsplatz sorgen. Der Arbeitnehmer muss sich im Gegenzug treu gegenüber seinem Arbeitgeber verhalten und seine Arbeit mit Sorgfalt und nach bestem Wissen und Gewissen verrichten. Da der Grad der gegenseitigen Pflichterfüllung an dieser Stelle nur noch schwer zu quantifizieren ist, wird der

---

[10] Wie Blau (1964: 113) feststellt, ist gegenseitiges Vertrauen von sich aus schon eine Form des sozialen Tauschs. „[T]he trust required for social exchange is generated by its own gradual expansion in a self-adjusting manner." Im Rahmen dieser Arbeit wird Vertrauen allerdings als dessen Grundlage angesehen.
[11] Die Austauschbeziehung ist für die Partei von höherer Bedeutung, die weniger Alternativen im Sinne von anderen Beziehungen hat (Blau 1964: 99). Die Kosten, die bei der Erstellung sozialer Erträge für andere entstehen, können als Investitions- oder Opportunitätskosten bezeichnet werden. Dementsprechend sind die Kosten in der Regel geringer, für die Partei, die weniger Alternativen hat (Blau 1964: 101).

ökonomische Austausch mehr und mehr zu einem sozialen Austausch. Wahrgenommenes hohes Engagement der einen Partei wird durch ebenfalls hohes Engagement der anderen beantworten. Empfinden die Arbeitnehmer also, dass der Arbeitgeber sich über seine grundlegenden Pflichten hinaus engagiert, Unterstützung bietet und Vertrauen zurückzahlt, erhöht sich für sie die emotionale und obligatorische Bindung zum Unternehmen (Westphal/Gmür 2009). Jäger (2006: 34) fasst zusammen: „Jeder Mensch ist motiviert, seine Beziehung mit anderen ‚profitabel' zu gestalten, das heißt, der Nutzen der Beziehung sollte deren Kosten übersteigen. Nur über solche sozialen Austauschtheorien lassen sich die Entstehung und der Fortbestand von sozialen Beziehungen, die in der Mitarbeiterbindung gründen, erklären. Es ist ein Geben und Nehmen von Vertrauen, Anerkennung, Zuneigung, aber auch Werten und Leistung." Bisher wurde gezeigt, wie sich die drei Bindungskomponenten unterscheiden und auf welcher Grundlage sie basieren. Um jedoch zu erklären, wie affektives und normatives Commitment erhöht werden können, also der soziale Austausch zwischen Arbeitgeber und Arbeitnehmern angeregt werden kann, bedarf es eines Blickes auf die Einflussfaktoren der Mitarbeiterbindung.

3.3 Einflussfaktoren des affektiven und normativen Commitments

Die Einflussfaktoren organisationalen Commitments können als eine Art Stellschrauben angesehen werden, mit Hilfe derer das Unternehmen die Bindung seiner Mitarbeiter steuern kann. Kieser (1995: 1445) unterscheidet drei Gruppen von Einflussfaktoren auf organisationales Commitment – personenbezogene, arbeitsbezogene und organisationsbezogene.

Personenbezogene Einflussfaktoren beziehen sich auf demographische Merkmale (z.B. Geschlecht, Alter, Betriebszugehörigkeit) sowie die generelle Arbeitseinstellung und Charaktereigenschaften eines Individuums. Arbeitsbezogene Einflussfaktoren hingegen umfassen die Merkmale der Arbeitssituation und betrachten die Beziehung zu Vorgesetzten und Kollegen. Der Bezug gilt also der spezifischen Arbeitssituation eines Mitarbeiters. Organisationsbezogene Einflussfaktoren wiederum bilden die Kultur und Struktur der Organisation ab und gehen auf die HR-Praktiken ein. Somit liegt der Fokus gegenüber den arbeitsbezogenen Einflussfaktoren auf der Arbeitssituation aller Mitarbeiter im Unternehmen (Kieser 1995). Westphal/Gmür (2009: 210f.) resümieren in ihren Untersuchungen, dass zum einen in Bezug auf die personenbezogenen Faktoren, demographische Merkmale zunehmend durch Variablen zur Arbeitseinstellung und Charaktereigenschaften ersetzt werden, und, dass die Erforschung organisationsbezogener Einflussfaktoren an Bedeutung gewonnen hat.

Die Ergebnisse verschiedener Metaanalysen (vgl. u.a. Mathieu/Zajac 1990; Cohen 1992; Meyer et al. 2002; Westphal/Gmür 2009) zu Einflussfaktoren organisationalen Commitments nach dem Konstrukt von Meyer/Allen (1991) bestätigen, dass affektives und normatives Commitment von den gleichen Einflussfaktoren bestimmt werden (siehe Abschnitt 3.1). Insbesondere der Einfluss von arbeitsbezogenen und organisationsbezogenen Faktoren ist hoch signifikant. So erhöhen sich affektives und normatives Commitment, wenn ein Mitarbeiter ein hohes Maß an Verantwortung und Kompetenzen übertragen bekommt, den Stellenwert seiner Arbeitsrolle für das Unternehmen kennt, stolz auf den Arbeitgeber (durch das Ansehen des Unternehmens in der Öffentlichkeit) ist, und Karriere- und Aufstiegschancen sieht. In Bezug auf die organisationsbezogenen Faktoren ist die Unternehmenskultur Grundstein für hohe Mitarbeiterbindung. Dies impliziert organisationale Gerechtigkeit in der Entscheidungsfindung, Entgeltgestaltung und Beförderungspolitik, eine Kultur des Vertrauens und der Mitarbeiterpartizipation sowie ein gutes Betriebsklima. Hinzu kommt der positive Einfluss von Work-Life Balance Maßnahmen.

Neben den verschiedenen Einflussfaktoren gibt es allerdings auch kovariierende Variablen, die die drei Komponenten des OC in unterschiedlicher Weise beeinflussen und in einem interdependenten Verhältnis zu ihnen stehen. Die Bezeichnung als kovariierende Variable impliziert, dass bisher noch Unklarheiten über die Kausalitäten dieser Variablen zu OC herrschen. So gibt es nach wie vor keine einheitliche Position darüber, ob Motivation, Arbeitszufriedenheit, Identifikation und Involvement als direkte Einflussfaktoren oder Moderatorvariablen fungieren (Meyer et al. 2002: 22). Dementsprechend wird im Folgenden versucht, diese Begrifflichkeiten von OC abzugrenzen und Interdependenzen aufzuzeigen.

Der Begriff der Motivation beschreibt die grundsätzliche Bereitschaft zur Durchführung einer Tätigkeit (Rosenstiel 1992: 214). Dahingegen wird Commitment lediglich als aktivierende Kraft im Motivationsprozess eingeordnet, die eine geringere Situationsabhängigkeit aufweist und auf langfristige Ziele ausgerichtet ist (van Dick 2004: 5). Die Literatur geht von einem wechselseitigen Verhältnis zwischen Motivation und Commitment aus (vgl. Caldwell/Chatman/O'Reilly 1990; Süß 2006).

Arbeitszufriedenheit ist im Vergleich zu Mitarbeiterbindung spontaner und weniger langfristig ausgelegt (Mathieu/Zajac 1990). Sie beschreibt den positiven Eindruck über die Arbeitssituation (Curry et al. 1986) und den Grad der erfüllten Wünsche im Arbeitsverhältnis (Lersch 1966). Felfe et al. (2005) bestätigen auch hier ein interdependentes Verhältnis mit organisationalem Commitment.

Identifikation bildet die Grundlage für arbeitsbezogene Einstellungen und Verhaltensweisen. Somit bringt sie die affektive Komponente des OC in Form verschiedener (kognitiver, affektiver, evaluativer und verhaltensbezogener) Dimensionen zum Ausdruck. Das organisationale Commitment nach der Definition von Meyer/Allen (1991) wird hingegen durch die normative und kalkulative Komponente ergänzt. Daneben liefert nach van Knippenberg (2000) die kognitive Dimension des Identifikationsbegriffs einen weiteren Aspekt zur beiderseitigen Abgrenzung. Affektives Commitment beschreibt (lediglich) die emotionale Bindung zur Organisation, wohingegen Identifikation darüber hinaus geht und die Frage beantwortet, inwieweit die Persönlichkeit einer Person durch die Zugehörigkeit zur Organisation definiert wird. Während OC langfristig angelegt ist, kann sich auch die Identifikation situationsbedingt ändern, z.b. bei Tätigkeiten in verschiedenen Arbeitsgruppen, in denen ein gutes bzw. weniger gutes Arbeitsklima herrscht (van Dick 2004: 4ff.).

Involvement stellt eine Form der Identifikation mit einer bestimmten Tätigkeit dar. Van Dick (2004: 7) unterscheidet „work involvement" und „job involvement". Erstere Form sieht die Arbeit als zentrales Lebensinteresse, letztere spiegelt die Anstrengungsbereitschaft eines Individuums wider. Buchanan (1974) sieht Involvement als einen Bestandteil organisationalen Commitments. Damit stehen beide Begriffe ebenfalls in einem interdependenten Verhältnis zueinander.

Die Zusammenhänge und wechselseitigen Beeinflussungen von OC mit Motivation, Arbeitszufriedenheit, Identifikation und Involvement zeigen, dass eine Veränderung des OC ebenso weitreichende Folgen für andere Komponenten der Arbeitgeber-Arbeitnehmer-Beziehung hat. Der besondere Stellenwert OC gegenüber den eben abgegrenzten Begriffen ergibt sich aufgrund seiner Langfristigkeit. Während Motivation, Arbeitszufriedenheit, Identifikation und Involvement vornehmlich situationsabhängig und von kurzfristigem Charakter sind, sind die Auswirkungen organisationalen Commitments von langfristiger Natur.

3.4 Auswirkungen hoher Mitarbeiterbindung für Unternehmen

Während die Einflussfaktoren organisationalen Commitments die Bindungsstärke determinieren, ist für die Unternehmen unter dem Strich entscheidend, welche Auswirkungen starkes bzw. schwaches Commitment der Mitarbeiter auf Faktoren wie Performance oder Fluktuation hat. Der Einfluss auf diese so genannten Ergebnisfaktoren rechtfertigt schließlich Investitionen in den Auf- und Ausbau der Mitarbeiterbindung. Die positiven Auswirkungen des OC lassen sich in zwei Gruppen untergliedern: der Bindung von Mitarbeiterpotenzialen und der Nutzung von Mitarbeiterpotentialen (Westphal/Gmür 2009: 206).

- Bindung von Mitarbeiterpotentialen

Commitment steht in einem negativen Zusammenhang mit Fehlzeiten, Kündigungsabsicht und tatsächlicher Kündigung; trägt also dazu bei, dass die Mitarbeiter im Unternehmen gehalten werden (vgl. u.a. Somers 1995; Meyer/Allen 1996; Meyer et al. 2002). Dadurch sinken sowohl monetäre (Humankapital bleibt erhalten, Rekrutierungs- und Entlassungskosten werden gesenkt, etc.) als auch sozialpsychologische (Störung des Gruppenzusammenhalts, Angst und Unsicherheit bei verbliebenen Kollegen, etc.) Kosten.

- Nutzung von Mitarbeiterpotentialen

Neben der Bindung von Mitarbeiterpotentialen, fördert OC auch deren Nutzung. So beeinflusst es, wie viel Leistungsbereitschaft und Qualifikation Arbeitnehmer in das Unternehmen einbringen. Mitarbeiter in Unternehmen mit flachen Hierarchien nutzen dann z.B. ihre Freiräume während der Arbeit weniger zugunsten ihrer persönlichen Interessen und engagieren sich stärker im Sinne der Organisation (van Dick 2004: 8). Ferner provozieren affektives und normatives Commitment Organizational Citizenship Behavior (OCB). Damit ist freiwilliges Engagement der Mitarbeiter gemeint, das zu keiner monetären Entlohnung führt, nicht vertraglich verpflichtend ist und der Organisation langfristig dient. Hierzu zählen Eigenschaften wie etwa Pünktlichkeit, Pflichtbewusstsein, Bereitschaft zusätzliche Aufgaben zu übernehmen und Hilfsbereitschaft gegenüber den Kollegen (van Dick 2004: 8). Westphal/Gmür (2009: 206) bilanzieren darüber hinaus, dass organisationales Commitment ehrliches bzw. integratives Verhalten fördert und für Gesundheit sowie ein gesteigertes Wohlbefinden der Mitarbeiter sorgt.

Trotz der dargestellten positiven Auswirkungen von organisationalem Commitment, hebt insbesondere Moser (1996: 83ff.) auch mögliche Negativkonsequenzen hervor. Hohes kalkulatives Commitment senkt zwar laut Meyer/Allen (1990) die Fluktuation, wirkt sich aber auch negativ auf die Leistungsbereitschaft und Arbeitszufriedenheit aus. Letztere Einflüsse sind sicherlich nicht im Sinne der Unternehmung, aus theoretischer Sicht jedoch durchaus nachvollziehbar und empirisch nachgewiesen. Nach der Side-Bet-Theorie von Becker (1960) ergibt sich kalkulatives Commitment etwa aus gegenseitigen Investitionen zwischen der Organisation und deren Arbeitnehmern. Führt der Arbeitsplatzwechsel für Mitarbeiter zu Kosten in dem Sinne, dass Arbeitsplatzsicherheit (durch den Kündigungsschutz), betriebliche Leistungen (Betriebsrenten, Sonderzahlungen) und interne Reputation wegfallen, und gibt es zudem wenige Alternativen für einen Jobwechsel, ist der betroffene Arbeitnehmer vom Unternehmen abhängig. Diese Abhängigkeit geschieht nicht nach freiem Willen (affektiv) oder aufgrund des Gefühls der Verpflichtung (normativ), sondern zweckgebunden. Darüber hinaus stellen Meyer et al. (2002) einen negativen Zusammenhang zwischen der kalkulativen Bindungswirkung und OCB fest. Folglich kann für Unternehmen ein geringes fortsetzungsbezogenes Commitment der Mitarbeiter wünschenswerter sein, wenn es um zusätzliches Engagement, Arbeitszufriedenheit und die Leistungsbereitschaft der Mitarbeiter geht. Moser (1996: 85) folgert dementsprechend, dass Unternehmen im Sinne der Arbeitsleistung zu einem gewissen Ausmaß irreversible Investitionen einschränken und Arbeitsplatzalternativen zulassen sollten, auch wenn dies gleichbedeutend mit einem Anstieg der Fluktuation sei. Ein solcher Anstieg sollte auch nicht pauschal als negativ bewertet werden, hält man sich die positiven Seiten einer moderaten Fluktuationsrate vor Augen. So dient Fluktuation etwa dazu, weniger leistungsfähige Mitarbeiter freizusetzen und damit Innovationsbereitschaft, Flexibilität und Anpassungsfähigkeit der Unternehmung zu erhöhen. Des Weiteren sorgt Fluktuation für interne Mobilität, ermöglicht Karrierechancen und verhindert Betriebsblindheit.

Moser (1996: 86f.) sieht in zu starker organisationaler Bindung auch eine Konkurrenz und einen Störfaktor zu anderen Bindungsformen wie z.B. der Familie oder Gewerkschaften. Die aufwendigen Maßnahmen von Unternehmen Employer Branding zu betreiben und Mitarbeiterbindungsprogramme zu implementieren, führt er diesbezüglich als einen möglichen Grund für immer mehr Scheidungen, weniger Kindern, doppelten Karrieren und abnehmender Gewerkschaftszugehörigkeit in Deutschland an. Weiterhin macht Moser (1996: 86) die Gefahr aus, dass übereifriges Verhalten durch zu starkes Commitment von den Kollegen als überangepasst und „schleimerisch" angesehen wird und somit die kollegiale Beziehungsebene stört. Zudem kann OC eskalieren und zu Fanatismus werden, indem sich Mitarbeiter in bestimmte Arbeitssituationen zu sehr hineinsteigern und es nicht mehr schaffen vom Beruf abzuschalten. Gesundheitliche Folgen wie das Burn-Out-Syndrom können Konsequenzen dessen sein (Moser 1996: 89).

Trotz der genannten Gefahrenquellen durch zu starkes Commitment überwiegen nach herrschender Meinung die positiven Konsequenzen, die von der Mitarbeiterbindung ausgehen (vgl. Moser 1996, Meyer et al. 2002). Wie unterschiedlich das Instrument Kurzarbeit letztendlich die Mitarbeiterbindung beeinflusst und wie sich diese Einflussnahme durch verschiedene Wahrnehmungen ändert, wird im nächsten Kapitel gezeigt. Dazu werden zwei mögliche Wahrnehmungspfade, Kurzarbeit als „Beschäftigungssicherung" und Kurzarbeit als „Ausnahmezustand", einander gegenübergestellt.

4 Die zwei Wahrnehmungspfade der Kurzarbeit

4.1 Spieltheoretische Motivation

Die nachfolgenden Überlegungen folgen der Darstellung von Baron/Kreps (1999: 548-565), die den Effekt von Wahrnehmungsverzerrungen bei der Kooperation zweier Transaktionspartner aus spieltheoretischer Sicht darstellen. Die Spieltheorie untersucht die Verhaltensweisen interagierender Akteure und gibt Strategieempfehlungen darüber, wie sich ein rational handelnder Akteur mit einer bestimmten Erwartungshaltung verhalten sollte. In Bezug auf das Arbeitsverhältnis können Arbeitnehmer und Arbeitgeber aus spieltheoretischer Sicht verschiedene Strategien wählen, die die Strategiewahl der anderen Partei und den beiderseitigen Nutzen beeinflussen. Dies soll im Folgenden weniger formal als mehr intuitiv dargestellt werden, um die Bedeutung von Vertrauen, Erwartungen und Wahrnehmungen in der Arbeitgeber-Arbeitnehmer-Beziehung hervorzuheben (Baron/Kreps 1999: 548f.).

Das Arbeitsverhältnis beschreibt eine Transaktion zwischen der Arbeitgeber- und Arbeitnehmerseite, deren Dauer langfristiger Natur und auf unbestimmte Zeit ist. Der Gegenstand eines solchen Austauschs kann, wie in Abschnitt 3.2 unterschieden, ökonomischer oder sozialer Natur sein. Arbeitnehmer und Arbeitgeber interagieren dabei gemäß dem zwischen ihnen geschlossenen Arbeitsvertrag über mehrere Perioden, etwa mehrere Jahre, miteinander. Das Strategieportfolio beider Parteien besteht während dieser Zeit daraus, zu kooperieren oder die andere Seite auszunutzen. So können Arbeitnehmer beispielsweise entscheiden, ob sie ihr volles Leistungspotential abrufen oder Leistung zurückhalten („shirking"). Der Arbeitgeber kooperiert etwa dann, wenn er bei einer Erhöhung des Arbeitsvolumens neue Stellen schafft und nutzt die Arbeitnehmer aus, wenn er versucht, das höhere Volumen auf die bestehenden Mitarbeiter abzuwälzen und diesen dementsprechend mehr Arbeit aufbürdet. Kooperiert eine Partei, während sich die andere für das Ausnutzen entscheidet, generiert letztere einen höheren Nutzen. Allerdings berücksichtigt die ausgenutzte Partei dieses Verhalten bei der Strategiewahl der nächsten Periode und würde sich ihrerseits dafür entscheiden, den Gegenüber auszunutzen. Da die Parteien das gegenseitige Verhalten antizipieren, wäre bei einem einmaligen Spiel für beide die dominante Strategie nicht zu kooperieren. Die Nicht-Kooperation wäre ein Nash-Gleichgewicht (Baron/Kreps 1999: 550f.).

Trotz dieses Gleichgewichts könnten sich die Akteure jedoch verbessern (ihren Nutzen erhöhen), wenn sie beide kooperieren. Könnten bindende Vereinbarungen getroffen werden, die zu einer Kooperation verpflichten, wäre es möglich, eine beiderseitige Verbesserung vertraglich zu vereinbaren. Aufgrund der Tatsache, dass z.B. die Leistung des Arbeitnehmers im Voraus nicht explizit festgelegt und folglich auch nicht im Nachhinein sanktioniert werden kann, kommt eine solche Vereinbarung allerdings nicht zustande – es entsteht ein Gefangenen-Dilemma. Dieses Gefangenen-Dilemma – jede Partei könnte sich durch bindende Absprachen besser stellen – kann durch wiederholte Interaktion und reziprokes Verhalten der Akteure „gelöst" werden. Das neue Nash-Gleichgewicht wäre dann eine gemeinsame Kooperation, die beiden Seiten zu einem höheren Nutzen verhilft. Abbildung 1 illustriert die Entscheidungssituationen mit den jeweiligen Nutzenwerten.

Dieses neue Nash-Gleichgewicht kommt zustande, weil die Parteien ihre Strategie in jeder Periode nach der eigenen Strategie bzw. der Strategie der anderen Partei aus der vergangenen Periode wählen. Wird die Kooperation einseitig beendet und die eine Partei von der anderen ausgenutzt, endet die Kooperation in der nächsten Periode, da die gemeinsame Vertrauensbasis gebrochen ist. Zwar erzielt die von der Kooperation abweichende Partei in der letzten Periode einen höheren Nutzen, jedoch geschieht dies auf Kosten der anderen Partei, die daraufhin ihrerseits die Kooperation beendet. Nicht kooperatives Verhalten würde also zu Lasten der Gewinne der Folgeperioden gehen, da die Interaktion wieder zum ursprünglichen Nash-Gleichgewicht zurückkehren würde. Jede Partei kann die andere folglich damit unter Druck setzen, auf Nicht-Kooperation reziprok zu antworten, also selbst nicht zu kooperieren. Diese Form der Sanktion dient dazu, beide Seiten zu einer dauerhaften Kooperation zu bewegen (Baron/Kreps 1999: 551-554).

Abb. 1: Gefangenen-Dilemma

		Spieler B	
		Ausnutzen	**Kooperieren**
Spieler A	**Ausnutzen**	1;1	3;0
	Kooperieren	0;3	2;2

Quelle: Eigene Darstellung in Anlehnung an Baron/Kreps (1999: 550).

Obige Ausführungen setzen voraus, dass beide Akteure simultan entscheiden. Kommt es jedoch zu einem Austausch immaterieller Werte, kann, wie am Beispiel des sozialen Austauschs verdeutlicht, die Situation eintreten, dass die Entscheidung einer Partei A auf die Entscheidung einer Partei B folgt, sich also eine sukzessive Entscheidungsreihenfolge ergibt. Dies soll im Rahmen eines so genannten Vertrauensspiels konkretisiert werden. Darin muss sich ein Akteur B zu Beginn einer Periode darauf festlegen, einem Akteur A zu vertrauen oder nicht. Bei Nicht-Vertrauen endet das Spiel. Vertraut B jedoch auf A, muss Akteur A nun entscheiden, ob er B fair behandelt oder das Vertrauen ausnutzt. Abbildung 2 stellt die beschriebene Situation mit den jeweiligen Nutzenwerten graphisch dar.

Abb. 2: Vertrauensspiel

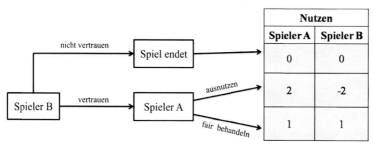

Quelle: Eigene Darstellung.

Ein Ausnutzen würde, genau wie oben dargestellt, A für eine Periode besser stellen, ginge aber auf Kosten der Folgeperioden, in denen B nicht mehr vertrauen und die Interaktion beenden würde. Es entsteht also ein einseitiges Gefangenen-Dilemma aus der Sicht von Akteur A. Interagieren A und B wiederholt miteinander, werden die kurzfristigen Gewinne der Ausnutzung des Vertrauens von den langfristigen Gewinnen der Anerkennung des Vertrauens überkompensiert. Dabei ist es irrelevant, ob A in jeder Periode mit demselben Akteur interagiert oder die Akteure wechseln, da die Reputation, die A aus Sicht eines Spielers B hat, sich auf die anderen Spieler überträgt. Dieser Reputationseffekt ist also zusätzlich dafür verantwortlich, dass A Vertrauen immer honorieren sollte.

Das dargestellte Vertrauensspiel beruht darauf, dass beide Akteure beobachten können, ob die jeweils andere Partei von der Kooperation abweicht. Jedoch beschreibt diese Annahme nur das theoretische Ideal. Die Wahrnehmungen über das Verhalten der anderen Partei können durch äußere Umstände verzerrt werden. So kann es etwa dazu kommen, dass die Arbeitnehmerseite (hier: Spieler B) aufhört dem Arbeitgeber (Spieler A) zu vertrauen, weil sie sich durch dessen Verhalten ausgenutzt fühlt, obwohl eine solche Ausnutzung von Arbeitgeberseite gar nicht beabsichtigt war. Andrerseits kann B die wahrgenommene Ausnutzung auch als unbeabsichtigt bewerten und zu Gunsten zukünftiger Gewinne weiterhin Vertrauen schenken. Dann besteht jedoch die Gefahr, dass A weiterhin B ausnutzt, unter dem Vorwand dies nicht absichtlich zu tun. Somit ist es als Reaktion auf das beabsichtigte oder unbeabsichtigte Ausnutzungsverhalten des Arbeitgebers für die Arbeitnehmerseite notwendig, Sanktionen zu verhängen. Um eine dauerhafte Ausnutzung zu vermeiden, sollte die Arbeitnehmerseite das Fehlverhalten des Arbeitgebers durch die eigene Nicht-Kooperation bestrafen. Die Sanktionen sollten aber nur einmalig verhängt werden, sodass die Kooperation in zukünftigen Perioden nicht gefährdet wird (Baron-Kreps 1999: 555-557).

Die Wahrscheinlichkeit, dass ein solcher Wahrnehmungsfehler und entsprechende Sanktionen auftreten, erhöht sich mit zunehmender Dauer der Interaktion beider Parteien. Ferner häufen sich Wahrnehmungsverzerrungen, je schwieriger das Verhalten des Transaktionspartners zu beobachten ist. Auch spielt die Reputation der einen Partei aus Sicht der anderen eine wichtige Rolle. Da diese verbal weitergegeben wird, kann die Wahrnehmungsverzerrung eines Arbeitnehmers in einer Periode, Wahrnehmungsverzerrungen der anderen Arbeitnehmer in den Folgeperioden hervorrufen. In der Folge wird die Kooperation weniger von den eigentlichen Intentionen beider Parteien als vielmehr von zufälligen Wahrnehmungssignalen bestimmt. Wahrnehmungsverzerrungen gefährden also die Reputation des Arbeitgebers. Insbesondere wenn dieser das Gefühl hat, Arbeitnehmer entscheiden nicht mehr nach ihrem eigenen Empfinden, sondern nach der Meinung und Wahrnehmung anderer, werden kurzfristige Gewinne gegenüber dem Nutzen aus der langfristigen Kooperation vorteilhaft. Da dies jedoch der Natur eines dauerhaften Arbeitsverhältnisses (bzw. allgemein einer dauerhaften Interaktion) widerspricht, versuchen Arbeitnehmer- und Arbeitgeberseite Wahrnehmungsverzerrungen abzubauen (Baron Kreps 1999: 557-559).

Im Rahmen des Einsatzes von Kurzarbeit spielen unterschiedliche Wahrnehmungen eine wesentliche Rolle. Folglich erwächst daraus auch die Gefahr von Wahrnehmungsverzerrungen. Einerseits kann Kurzarbeit als beschäftigungssichernde Maßnahme, andrerseits als Ausnahmezustand im Arbeitsverhältnis angesehen werden. Letztere Perspektive enthält einen sehr negativen Unterton. Dieser erklärt sich in zweierlei Hinsicht. Zum einen werden Arbeitgeber aufgrund der gelockerten Rahmenbedingungen für die konjunkturelle Kurzarbeit zu Mitnahmeeffekten angereizt, zum anderen führen die wenigen Kontrollen der BA sowie Angst und Unsicherheit bei der Belegschaft dazu, dass Kurzarbeit ganz offensichtlich missbraucht wird (vgl. Abschnitt 2.3). Übertragen auf das Vertrauensspiel zwischen Arbeitgeber und Arbeitnehmer, ist davon auszugehen, dass, wenn Kurzarbeit von vornherein als Ausnahmezustand angesehen wird oder im Laufe seines Einsatzes diesen „Pfad" einschlägt, die Arbeitnehmer ihre Kooperation unterbrechen und die negative Wahrnehmung gegenüber ihrem privaten und beruflichen Umfeld bekannt geben. Somit tritt in doppelter Hinsicht ein Sanktionsmechanismus ein. Zum einen durch die zukünftige Nicht-Kooperation und zum anderen durch einen negativen Reputationseffekt, in dessen Konsequenz auch andere Arbeitnehmer die Kooperation unterbrechen. Die Sanktionierung seitens der Arbeitnehmer bezieht sich darauf, dass sie dem Arbeitgeber temporär, d.h. in der nächsten Periode der Zusammenarbeit, ihr Vertrauen entziehen. Der Bruch der Vertrauensbasis hat nicht zur Folge, dass das Arbeitsverhältnis insgesamt endet. Jedoch wird das Instrument Kurzarbeit und die damit verbundenen Einschränkungen und Kompromisse von den Arbeitnehmern mit mehr Vorbehalten und größerer Skepsis gesehen.

Da gegenseitiges Vertrauen die Grundlage des Sozialtauschs darstellt, auf den die Entstehung affektiven und normativen Commitments zurückzuführen ist, werden im Folgenden zwei Wahrnehmungspfade der Kurzarbeit skizziert, die maßgeblich dafür verantwortlich sind, ob die Vertrauensbasis gestärkt oder geschwächt wird. Dazu werden verschiedene Einflüsse in der Einführungs-, Durchführungs- und Rückführungsphase der Kurzarbeit beleuchtet, die darüber entscheiden, ob dieses Instrument als Beschäftigungssicherung (4.2) oder Ausnahmezustand (4.3) wahrgenommen wird.

Die vermuteten Einflussfaktoren entstammen der Analyse verschiedener empirischer Daten. Dazu zählen Befragungen von Kock (1985) und dem Marktforschungsinstitut Psychonomics (2009) zu den Auswirkungen und der Wahrnehmung von Kurzarbeit sowie Studien zu den Folgen von Arbeitszeitverkürzungen (vgl. Fuchs/Jacobsen 1986; Promberger 1997; Eberling/Henckel 1998). Darüber hinaus werden Standpunkte aus aktuell erschienenen Kurzfilmbeiträgen (Adamek/Otto 2009: „Hoffen, Bangen, Täuschen - Der Schwindel mit der Kurzarbeit"; Bracht/Kruse 2010: „Kurzarbeit und Konsum?"; Becker-Wenzel/Judzikowski/Sperling 2009: „Tricksen mit der Kurzarbeit") sowie Foreneinträge zu Internetartikeln zum Thema Kurzarbeit (Spiegel-Online) berücksichtigt.

4.2   Kurzarbeit als Beschäftigungssicherung

4.2.1   Einführungsphase

- **Unternehmerischer Kontext**

Es zeigt sich, dass vor der Einführung von Kurzarbeit deren Akzeptanz maßgeblich vom unternehmerischen Kontext beeinflusst wird. Das heißt, die Mitarbeiter bewerten aus ihrer Sicht die Situation des Unternehmens und beurteilen daraufhin die Notwendigkeit von Kurzarbeit. Gewinnen sie Erkenntnisse darüber, wie wirtschaftlich angeschlagen das Unternehmen ist und wie stark ihre Arbeitsplätze gefährdet sind, begrüßen sie die Einführung von Kurzarbeit als beschäftigungssichernde Maßnahme. Außerdem wird ihr Bewusstsein für Kurzarbeit gestärkt, wenn sich der Grund nicht bloß in reinen Zahlen, sondern in spürbaren

Auftragsrückgängen zeigt. Dies ist dann der Fall, wenn die Arbeitnehmer dazu gezwungen sind, langsamer zu arbeiten, umfangreichere Pausen zu machen oder Arbeiten zu erledigen, die nicht zum Wertschöpfungsprozess beitragen. Weiterhin ist zu vermuten, dass die Rolle der Geschäftsführung und Personalabteilung von großer Bedeutung ist. So wird Kurzarbeit vorab eher befürwortet, wenn Management und HR-Abteilung im Unternehmen bereits hohe Anerkennung aufgrund ihrer Kompetenzen und ihres guten Krisenmanagements besitzen. Darüber hinaus bewerten die Mitarbeiter offenbar die Planungen darüber, wen Kurzarbeit betreffen soll. Die Meinungen der Befragten deuten darauf hin, dass die Akzeptanz von Kurzarbeit umso größer ist, je mehr Funktionsbereiche und Hierarchieebenen von ihr betroffen sind. Wenn also z.B. sowohl in Produktion als auch Verwaltung, vom Vorarbeiter bis ins mittlere Management, Kurzarbeit angeordnet wird, nehmen besonders die Mitarbeiter in unteren Hierarchieebenen Kurzarbeit positiv wahr. Somit wird das Gefühl vermittelt, die Kosten der Kurzarbeit müssen von allen Beschäftigten getragen werden. Schlussendlich sorgen auch tarifvertragliche Regelungen, die etwa das Kurzarbeitergeld auf 90 Prozent des Normallohns aufstocken, für eine positive Grundstimmung bei der Belegschaft, da einer angespannten Einkommenssituation vorab schon entgegengewirkt wird (Adamek/Otto 2009; Bracht/Kruse 2010; Becker-Wenzel/Judzikowski/Sperling 2009).

- Kommunikation

Nachdem Kurzarbeit auf Ebene der Geschäftsführung ggf. unter Einbeziehung des Betriebsrats beschlossen wurde, muss die Einführung gegenüber den Mitarbeitern kundgetan werden. Dazu zeigt eine Umfrage vom Institut Psychonomics (2009), dass die Kurzarbeiter, die sich besser informiert fühlen, größeres Vertrauen in die Maßnahme selbst und gegenüber der Geschäftsleitung haben. Offenbar zeigen die Mitarbeiter, die frühzeitig in die Planungen des Unternehmens hinsichtlich der Kurzarbeit eingebunden und umfangreich unterrichtet worden sind, eine höhere Akzeptanz gegenüber dieser Maßnahme. Ein Mangel an Informationen hingegen verstärkt demnach das Unsicherheitsempfinden und folglich die Skepsis gegenüber der Kurzarbeit, zumal dieses Instrument geschichtlich bisher von eher geringer Bedeutung war und so offensichtlich keine entsprechende Lobby besitzt. Vermittelt das Unternehmen bereits im Rahmen der Kommunikationspolitik Solidarität und soziale Verantwortung, spüren die Mitarbeiter Vertrauen gegenüber der Kurzarbeit (Cirmmann/Wießner/Bellmann 2010: 8). Axel Schülein, Personalchef eines Automobilzulieferbetriebs, verdeutlicht die Intention der Arbeitgeber: „Unsere Mitarbeiter waren in guten Zeiten für uns da, deshalb wollen wir in schlechten das Vertrauen zurückgeben" (Ilg 2009: 13).

4.2.2 Durchführungsphase

- **Berufliche Koordination**

Mit dem Einsatz von Kurzarbeit ändert sich der alltägliche Arbeitsablauf. Solche Veränderungen der Arbeitsroutine werden allerdings sehr skeptisch gesehen, da der Mensch ein „Gewohnheitstier" ist. Demnach ist zu vermuten, dass die Aufrechterhaltung von Strukturen der täglichen Abläufe zur positiven Wahrnehmung von Kurzarbeit führt. Dies beinhaltet also z.B., dass regelmäßige Meetings weiterhin abgehalten werden, bestehende Teams nicht auseinandergerissen werden und die Bearbeitungsreihenfolge eines Auftrags bestehen bleibt. Zudem trägt der Erhalt des Arbeitspensums offensichtlich zur positiven Wahrnehmung von Kurzarbeit bei. Praktisch hat dies zur Folge, dass die Arbeitnehmer in Kurzarbeit an ihren Arbeitstagen das gleiche Arbeitstempo zur Erledigung des geforderten Umfangs einschlagen können, wie es auch vorher der Fall war. Ferner wird Kurzarbeit offenbar befürwortet, wenn sich nichts an der Wertschätzung des einzelnen Mitarbeiters und seiner Arbeitsrolle ändert, ihm also keine Kompetenzen oder Verantwortungsbereiche entzogen werden (Adamek/Otto 2009; Bracht/Kruse 2010; Becker-Wenzel/Judzikowski/Sperling 2009).

- **Private Koordination**

Kurzarbeit ist eine Form der Arbeitszeitverkürzung, die mit einer Entgeltreduktion einhergeht. Die Position von Kai Hansel verdeutlicht, wann dieser Trade-Off, Freizeitgewinn gegenüber Gehaltsverzicht, als positiv erachtet wird: „Jetzt bin ich in der ... Situation, dass ich Zeit und Geld habe und die kann ich auch nutzen" (Bracht/Kruse 2010). Schafft Kurzarbeit also im Privatleben der Betroffenen Flexibilität und stehen trotz des Gehaltsverzichts weiterhin die finanziellen Mittel zur Verfügung, die zusätzliche Zeit sinnvoll zu nutzen, wird Kurzarbeit offenbar befürwortet. Die Nutzung der zusätzlichen Freizeit kann dann z.B. darin bestehen, dass mehr Zeit mit den Kindern verbracht, ehrenamtliches Engagement verstärkt oder ein weiterer Urlaub eingeplant wird.[12]

Eine Umfrage des National Bureau of Economic Research (NBER) in den USA (1986) zu erzwungenen Arbeitszeitverkürzungen aufgrund sinkender Nachfrage zeigt, dass mehr als die Hälfte aller Befragten einer solchen Reduzierung auch nach der Einführung positiv gegenüber stehen und weitere 29 Prozent diese als neutral einschätzen. Insbesondere verheiratete Frauen befürworten Arbeitszeitverkürzungen, wohingegen verheiratete Männer diese am schlechtesten bewerten – ein Ergebnis, das in Hinblick auf das Befragungsjahr sicherlich primär auf die

---

[12] Allerdings ist im vorliegenden Fall zu beachten, dass die zitierte Person zum Zeitpunkt der Kurzarbeit alleinstehend und kinderlos war und das Kurzarbeitergeld per Tarifvertrag auf 90 Prozent des ursprünglichen Gehalts aufgestockt wurde.

Rollenverteilung bei der kindlichen Erziehung zurückzuführen ist. Als weitere Erkenntnis ist ferner festzustellen, dass die Ablehnung bei den Beschäftigten mit dem geringsten und höchsten Gehaltsniveau am größten ist. Dies hängt wahrscheinlich damit zusammen, dass die Gehaltseinbußen bei Geringverdienern mit den größten Einschränkungen des Lebensstandards verbunden sind. Bei den Arbeitnehmern in der höchsten Gehaltsstufe wiederum ist die Beschäftigung stärker intrinsisch motiviert, sodass Arbeitszeitverkürzungen als Beraubung der Identität wahrgenommen werden (NBER 1986: 24). Darüber hinaus sehen solche Mitarbeiter, die sich trotz der verringerten Arbeitszeit in der Pflicht oder Verantwortung fühlen, ihre Arbeit unbezahlt zu verrichten oder zum Ausgleich der Einkommenseinbußen einer Alternativbeschäftigung nachgehen müssen, die Maßnahme eher negativ. Andere dahingegen, die die Arbeitszeitverkürzung als einen Freizeitgewinn interpretieren und sich dementsprechend verhalten haben, stehen dem sehr positiv gegenüber (NBER 1986: 31f.). Trotz des Alters der Umfrage veranlassen die Ergebnisse zu der Vermutung, dass Kurzarbeit wohlwollend gegenübergetreten wird, wenn sie flexibel genutzt werden kann und der Gehaltsverzicht (etwa durch tarifvertragliche Aufstockungen oder ein gesichertes Vermögen) keine Einschränkungen des Lebensstandards verursacht.

4.2.3 Rückführungsphase

- Übergang nach Auslauf der Kurzarbeit

Geht ein Unternehmen den im eigentlichen Sinne der Kurzarbeit vorgesehenen Weg und kehrt wieder in vollem Umfang, d.h. alle Arbeitnehmer betreffend, zur normalen Arbeitszeit zurück, wird bei den Arbeitnehmern aller Voraussicht nach eine positive Grundstimmung verbleiben. Aber auch betriebsbedingte Kündigungen, die wohl begründet und sozial verträglich sind, werden offenbar nicht gleich negativ auf das Instrument der Kurzarbeit zurückgeführt. Hierbei kommt es aus Sicht der verbliebenen Kollegen auch immer auf die Rechtfertigungsgründe und den Ablauf an, wie Johannes Friedrich, Personaldirektor der Modine Europe, betont: „Kündigungen wirken sich zwar vor allem auf den Betroffenen aus. Die bleiben können, sehen allerdings, wie mit ihren Kollegen umgegangen wird" (Ilg 2009: 13). Wenn durchgeführte Entlassungen also von den verbliebenen Mitarbeitern als gerechtfertigt oder unabwendbar wahrgenommen werden, versprühen sie scheinbar keinen negativen Effekt auf die Kurzarbeit an sich. Neben der Frage, wie viele Mitarbeiter von Kurzarbeit wieder in Vollbeschäftigung wechseln, beeinflusst offenbar auch die zeitliche Abfolge der Wiederaufstockungsmaßnahmen die Wahrnehmung von Kurzarbeit. So deuten mehrere Standpunkte darauf hin, dass Kurzarbeit im Nachhinein als positiv angesehen wird, wenn diese endet, bevor wieder Überstunden gefahren und Arbeitszeitkonten aufgebaut werden (Adamek/Otto 2009; Bracht/Kruse 2010; Becker-Wenzel/Judzikowski/Sperling 2009).

4.3   Kurzarbeit als Ausnahmezustand

4.3.1   Einführungsphase

- **Unternehmerischer Kontext**

Arbeitnehmer fragen sich bei der Ankündigung zur Einführung von Kurzarbeit offensichtlich, warum die Gewinne der vorherigen Jahre nicht zum Ausgleich der Gehaltseinbußen oder gar zur Vermeidung von Kurzarbeit beitragen können. Folgendes Zitat unterstreicht diese Ansicht: „Warum bilden ... [die Unternehmen] nicht mehr Rücklagen, um genau auf solche Nachfrage-einbrüche auch ohne die Hilfe des Staates reagieren zu können?" (Adamek/Otto 2009). Die Betroffenen sind sich zwar scheinbar der Notwendigkeit zukünftiger Investitionen und Ausgaben für Forschung und Entwicklung bewusst, aber insbesondere dann, wenn in der Vergangenheit satte Dividenden an die Anteilseigner ausgeschüttet wurden, demoralisiert es die Belegschaft offenbar, als erstes die Bürde einer wirtschaftlichen Schieflage tragen zu müssen. Kurzarbeit wird dann als vermeidbar und ungerecht angesehen. Darüber hinaus ist zu erwarten, dass diese Ansicht sich verschlimmert, wenn Kurzarbeit nur auf unteren Hierarchieebenen eingeführt und höhere Hierarchieebenen weder Einschränkungen noch Veränderungen zu tragen haben. Auch eine Ungleichverteilung innerhalb verschiedener Abteilungen - in einer werden Überstunden geleistet, in einer anderen Kurzarbeit gefahren - trägt ganz offensichtlich zum Negativempfinden bei (Kock 1985).

Dieser Effekt wird offenbar durch weitere Faktoren verstärkt. Genießen Management und HR-Abteilung bereits vor der Einführung von Kurzarbeit kein besonders hohes Vertrauen und wird ihre Kompetenz zur Bewältigung der Krise angezweifelt, steht die Belegschaft der Kurzarbeit sehr skeptisch gegenüber, zumal ihr nicht der Ruf als Beschäftigungssicherungsinstrument vorauseilt. Noch stärker, so lassen die Aussagen einiger Betroffenen vermuten, wird sich die negative Wahrnehmung von Kurzarbeit jedoch festsetzen, wenn Auftragsrückgänge aus Sicht der Arbeitnehmer überhaupt nicht oder nur marginal (als gefühlte saisonale Schwankungen) spürbar sind. Macht das Unternehmen zeitgleich sogar noch Gewinne, wird Kurzarbeit nicht als versuchte Beschäftigungssicherung, sondern profitorientierte Produktivitätssteigerungsmaß-nahme empfunden und von Beginn an ablehnend begegnet (Adamek/Otto 2009; Bracht/Kruse 2010; Becker-Wenzel/Judzikowski/Sperling 2009).

- **Kommunikation**

Unehrliche Aussagen über die Lage des Unternehmens sowie verdrehte Tatsachen über den Sinn und Zweck von Kurzarbeit verringern deren Akzeptanz innerhalb der Belegschaft. In einem konkreten Beispielfall war der Hintergedanke des Appells an die Mitarbeiter, die Einführung von Kurzarbeit zu unterstützen, nicht der Vermeidung von Entlassungen geschuldet, sondern der Einsparung von Personalkosten zur Übernahme eines wirtschaftlich angeschlagenen Wettbewerbers (Adamek/Otto 2009). Da die Mitarbeiter frühzeitig die eigentliche Intention des Arbeitgebers erkannt hatten, demonstriert dieses Beispiel wie bereits vorab, durch eine falsche Darstellung der Faktenlage, ein negatives Bild über die Verwendung von Kurzarbeit erzeugt werden kann. Dabei muss die Kommunikationspolitik nicht einmal falsche Tatsachen vortäuschen, um ihre Daseinsberechtigung zu verfehlen. So kann laut einheitlicher Meinung schon ein stockender und unklarer Informationsfluss zu Unsicherheiten führen. Diese Unsicherheiten wiederum schüren Angst bei der Belegschaft und diese Angst führt zur Abschottung vor einer vermeintlich innovativen Maßnahme wie der Kurzarbeit. Außerdem führen Unsicherheiten offensichtlich auch dazu, dass den Verantwortlichen die Kompetenz und das Vertrauen zur zielorientierten Durchführung von Kurzarbeit abgesprochen wird. Die Wahrnehmung kehrt sich scheinbar auch dann ins Negative, wenn der Informationsaustausch zum Thema Kurzarbeit plötzlich abbricht, also die Arbeitnehmer etwa nach der angekündigten Einführung mit dieser Tatsache alleine gelassen werden. Fehlt die Unterstützung und Beratung von Geschäftsführung und Vorgesetzten darüber, wie Kurzarbeit beruflich und privat koordiniert werden kann und besteht ein Informationsmangel darüber, wie sich das Unternehmen entwickelt und wann ein Ende dieser vorübergehenden Maßnahme zu erwarten ist, kann es zu noch stärkeren Unsicherheiten mit den bereits dargelegten Folgen kommen (Adamek/Otto 2009; Bracht/Kruse 2010; Becker-Wenzel/Judzikowski/Sperling 2009).

4.3.2 Durchführungsphase

- **Berufliche Koordination**

„Man muss halt doch weitestgehend das in vier Tagen erledigen, was man vorher in fünf machen musste, ... der Arbeitstag selber ist [also] auch dichter gepackt, d.h. Zeitmanagement ist wichtiger geworden" (Bracht/Kruse 2010). Dieses Zitat unterstreicht die Befragungsergebnisse von Kock (1985), wonach Kurzarbeit die Hektik im Betrieb verstärkt und der Druck zum intensiveren Arbeiten zunimmt. Die kürzere Arbeitszeit führt demnach zu einer Leistungsverdichtung, die zur Folge hat, dass Stress und Leistungsdruck zunehmen (Berendt

1998). Kock (1985: 30) spricht in diesem Zusammenhang von einer „Arbeitssituation unter Akkordbedingungen". Der hieraus entstehende Tenor von Seiten der Belegschaft ist eindeutig. Dem Unternehmen wird nachgesagt, Kurzarbeit lediglich zur Steigerung der Effizienz eingeführt zu haben und diesen Ausnahmezustand dafür billigend in Kauf zu nehmen. Zudem erhöht der Leistungsdruck die Unfallgefahr am Arbeitsplatz, was offenbar eine zusätzliche Negativwahrnehmung erzeugt (Kock 1985).

Fehlende innerbetriebliche Koordination von Kurzarbeit kann nicht nur zu einem negativen Wahrnehmungseffekt durch zunehmenden Leistungsdruck führen. Auch kann sich genau das Gegenteil herausstellen, etwa dann, wenn eine Abteilung überfordert ist und eine andere, die auf die Vorarbeit angewiesen ist, warten muss, Langeweile verspürt und versucht die Arbeitszeit „rumzukriegen". Nachfolgendes Zitat verdeutlicht diese Problematik: „Wenn ein Auftrag kam - da hat ja alles drauf gewartet - der wurde halb fertig nur vom technischen Büro gemacht. ‚Ach komm, ist gut, das macht der Anreißer.' Dem Anreißer fehlte das Material, das war noch nicht da, dann sollte er das anstatt das ... so wurde dann improvisiert" (Kock 1985: 30).

Ein weiterer Aspekt, der offenbar zu Skepsis seitens der Mitarbeiter führt, ist die erzwungene Improvisation und Flexibilität bei der Organisation und Durchführung der Arbeitsabläufe (Kock 1985). Einerseits kommt es zur zeitweisen Dequalifikation der Arbeitnehmer, indem diese Arbeiten verrichten müssen, die normalerweise unter ihrem Qualifikationsniveau liegen (Kock 1985: 41). Andererseits wird strukturiertes Arbeiten verhindert, indem die Mitarbeiter aus ihrer gewohnten Arbeitsplatzumgebung herausgerissen werden, was gleichbedeutend mit der Einschränkung des geregelten Austauschs etwa mit Kollegen oder Kunden ist. Solche Veränderungen sind insbesondere für ältere Arbeitnehmer problematisch (Kock 1985: 32). Ferner ziehen Umsetzungs- und Versetzungsmaßnahmen Qualifizierungsprobleme nach sich, da oft die Grundlagenkenntnisse zur Verrichtung einer Tätigkeit fehlen. Der Arbeitgeber fordert Flexibilität, die die Arbeitnehmer nicht leisten können. Auch wird diese Flexibilität vom Unternehmen nicht durch Qualifizierungsmaßnahmen gefördert, sodass den Mitarbeitern die Unterstützung fehlt und sie sich vom Arbeitgeber ganz offensichtlich mit den Schwierigkeiten der Kurzarbeit alleine gelassen fühlen. Im Ergebnis werden die Arbeitnehmer zu „privater Weiterbildung" gezwungen, indem sie die Tätigkeiten „on the job" erlernen müssen (Kock 1985:44).

Zudem ist zu vermuten, dass, wenn sich die Mitarbeiter in der Rolle des „Spielballs" wiederfinden, sie gleichzeitig ihren persönlichen Stellenwert im Unternehmen anzweifeln. Im Rahmen der Kurzarbeit wird dann scheinbar suggeriert, dass weniger Anwesenheit auch zu weniger Ansehen führt. Dieser Eindruck geringerer Wertschätzung schürt nicht nur die Angst des Arbeitsplatzverlusts, sondern führt zu einer Erhöhung der Spaltungs- und Konkurrenzverhältnisse im Betrieb. Die daraus resultierenden Reibereien und Unruhen innerhalb der Belegschaft entstehen, weil sich jeder Arbeitnehmer hervortun möchte, indem er signalisiert, dass er für die vorgegebenen Aufgaben am besten geeignet ist und daher die noch zu erfüllenden Tätigkeiten ausführen möchte, anstatt zu Hause zu bleiben. Dieser Anpassungsdruck der Arbeitnehmer kann soweit führen, dass Krankheiten unterdrückt werden aufgrund der Befürchtung, dadurch den Job zu gefährden. Kurzarbeit wird somit aus Sicht der Betroffenen zu einem Selektionsinstrument (Kock 1985: 41).

Insgesamt existieren somit vier Problembereiche, die die Wahrnehmung von Kurzarbeit im beruflichen Alltag anscheinend negativ beeinflussen. Steigt die Arbeitsbelastung, werden organisatorische Koordinationsprozesse erschwert, verschlechtert sich das Ansehen im Unternehmen und kommt es zu Spannungen innerhalb der Belegschaft, wird dies mit einer geringeren Akzeptanz für das Instrument Kurzarbeit quittiert.

- **Private Koordination**

Das niedrigere Entgelt durch Kurzarbeit macht sich besonders negativ auf die Wahrnehmung dieser Maßnahme bemerkbar, wenn dadurch der bisherige Lebensstandard nicht gehalten werden kann und finanzielle Belastungen wie etwa die Rückzahlung eines Kredites zu einer verstärkten psychischen Drucksituation führen. Diese Behauptungen werden durch Kock (1985: 17) und Bracht/Kruse (2010) untermauert: „Du fängst tatsächlich an mit der Mark zu rechnen. Du sagst also: Gut, eß [sic!] ich nicht in der Firma, irgendwie versuchst du ... zum Beispiel, daß [sic!] du den Arbeitsanzug statt einmal in der Woche alle 14 Tage wäschst und so was." „Wir haben uns ja an einen gewissen Lebensstandard gewöhnt und es ist ... einfacher aufzustocken als zurückzustecken."

Mit Verweis auf die VW-Studie zu Arbeitszeitverkürzungen bestätigt sich der Eindruck zunehmenden finanziellen Drucks. 43 Prozent der VW-Beschäftigten hielten die finanziellen Einbußen für schwer bis sehr schwer verkraftbar. Zudem waren 51 Prozent unschlüssig. Dieses Ergebnis impliziert eine zusätzliche, vor allem psychische Belastung, die aufgrund des finanziellen Aderlasses entsteht (Behrendt 1998). Kock (1985: 16ff.) belegt ebenfalls die Gefahr, dass sich durch Kurzarbeit der Lebensstandard verschlechtert. Nach einer Befragung unter 129 Kurzarbeitern in 3 Metallbetrieben kommt er zu dem Ergebnis, dass 72 Prozent der Befragten Einsparungen vornehmen, Erspartes verbrauchen und einer Zuverdienstmöglichkeit nachgehen müssen. Für viele Betroffene sei Kurzarbeit aus finanzieller Sicht „zum Leben zu wenig, zum Sterben zu viel" (Kock 1985: 13). Diese Ergebnisse sind dahingehend nachzu-vollziehen, dass Lohnschwankungen der Risikoabneigung eines herkömmlichen Arbeitneh-mers widersprechen, der eine Einkommensglättung im Zeitverlauf anstrebt. Durch Kurzarbeit wiederum wird die Schutz- und Garantiefunktion des Normalarbeitsverhältnisses untergraben und diese Einkommensglättung gestört (Kock 1985: 23). Dies führt etwa dazu, dass notwen-dige Anschaffungen aufgeschoben und erst nach Beendigung der Kurzarbeit nachgeholt werden. Dadurch wird die finanzielle Planung jedoch auch im Zeitraum danach beeinflusst. Auch kann der Zugewinn an Freizeit nicht im gewünschten Maße genutzt werden, weil Gehaltseinbußen dem entgegenstehen.

Neben der Tatsache, dass Freizeitaktivitäten durch Kurzarbeit oftmals nicht finanzierbar sind, spielt aber auch die mangelnde Planbarkeit eine wichtige Rolle. „[I]nnerhalb von zwei, drei Wochen, wird gesagt: ‚Es wird Kurzarbeit gemacht.' Da hat man auf einmal vier Tage in der Woche frei und es war auch noch Winter, da steht man plötzlich vor dem Problem, vor dem die Rentner auch stehen: Man weiß manchmal nicht, was man anfangen soll" (Kock 1985: 34). Freizeit wird scheinbar nicht im ursprünglichen Sinne als solche interpretiert, sondern verkörpert vielmehr das Warten auf Arbeit. Somit wird die Trennung von Beruf und Freizeit erschwert und die sich wechselnden Arbeitszeiten konvergieren zum Taktgeber des Privatle-bens. Hinzu kommt, dass bei Zunahme der Leistungsanforderungen das Bedürfnis nach Erholungs- und Regenerationszeit steigt und somit den Freizeitgewinn schmälert (Berendt 1998). Zusätzliche private Unruhen sind nur die logische Konsequenz und führen ganz offensichtlich zu einem negativen Blickwinkel auf das Instrument Kurzarbeit.

Jedoch bringt das Wechselverhältnis zwischen Beruf und Alltag nicht nur die professionale und soziale Abstimmung aus dem Gleichgewicht. Für viele Kurzarbeiter entsteht auch eine Art Vakuum im Alltag, das „Freizeit als Fremdkörper im täglichen Ablauf" sieht (Bracht/Kurse 2010). Zum einen wird die zusätzliche Freizeit als erzwungen und nicht als verdient angesehen, was somit den Eindruck der Teilarbeitslosigkeit vermittelt. Zum anderen bedeutet Kurzarbeit den Verlust eines Teils der bisherigen Lebenstätigkeit - nämlich der Arbeit (Kock 1985). Insbesondere für solche Arbeitnehmer, die ihren Job sehr schätzen, droht ein Identitätsverlust, der zu dem Gefühl führt, dass man für Betrieb und Gesellschaft zumin-dest zeitweise nicht mehr von Nutzen ist (Kock 1985).

4.3.3 Rückführungsphase

- **Übergang nach Auslauf der Kurzarbeit**

Die zukünftigen Unsicherheiten, die mit der aktuellen Krise und dem Einsatz von Kurzarbeit verbunden sind, vergrößern die Skepsis der Arbeitnehmer gegenüber diesem Instrument. Sie sehen sich offensichtlich der Situation gegenüber, wie sie von Frank-Jürgen Weise, dem Chef der BA, im November 2009 dargestellt wurde: „Wir wissen nicht, ob die durch Kurzarbeit vorgehaltenen Personal-Kapazitäten später wieder genutzt werden. Oder ob die Kurzarbeit im Grunde genommen nur eine verdeckte Verlängerung der Arbeitslosigkeit ist. Das würde dann heißen, dass man den Menschen Hoffnung macht, es gehe nach der Kurzarbeit wieder aufwärts, und stattdessen kommt die Arbeitslosigkeit. Wir können leider weder vorhersagen noch beeinflussen, wann die Nachfrage nach deutschen Exporten wieder anzieht" (Borstel/Wisdorff 2009). Die Bedenken der Arbeitnehmer beziehen sich einerseits auf die Frage, wie lange die Kurzarbeit anhält, und andrerseits darauf, was auf die Kurzarbeit folgt - Jobverlust oder Vollbeschäftigung (Kock 1985). Die unklare Zukunftslage schränkt das Bedürfnis nach Sicherung der Existenz erheblich ein und lässt Kurzarbeit sehr zwielichtig erscheinen. „Die Erfahrungen zeigen uns auch in anderen Abteilungen: Kurzarbeit ist immer nur die vorweggenommene Entlassung. Ich habe nur wenige Fälle kennengelernt, in denen Kurzarbeit dem Zweck gedient hat, dem sie soll" (Kock 1985: 25). Diese Aussage eines Arbeitnehmers verdeutlicht den Grund, warum gerade in der Rückführungsphase Kurzarbeit kritisch betrachtet wird. Insbesondere dann, wenn die Arbeitnehmer bereits in vorherigen Krisen im Zuge von Kurzarbeitsmaßnahmen Entlassungen erfahren haben, kommt es zu einer sehr negativen Wahrnehmung. Dabei spielt es vermutlicherweise keine Rolle, ob diese Erfahrungen im selben Betrieb oder in einem anderen Beschäftigungsverhältnis gemacht wurden.

Entsteht für die Mitarbeiter weiterhin der Eindruck, dass die Unternehmen die Subventionen der BA insgesamt sehr lange ausreizen, indem sie versuchen möglichst viel Arbeitsvolumen über einen möglichst langen Zeitraum abzubauen, vergrößern sich ihre Unsicherheiten, was zu einer ablehnenden Haltung führt. Wenn Kurzarbeit darüber hinaus sogar als Maßnahme zur Vorbereitung und Streckung des Personalabbaus dient, verstärkt sich diese Ablehnung nochmals (Kock 1985). Ferner werfen neben Entlassungen auch Versetzungen auf andere Positionen oder in andere Betriebsteile aus Sicht der betroffenen Arbeitnehmer ein negatives Licht auf das Instrument Kurzarbeit (Kock 1985).

4.4 Kurzarbeit als Sozialtausch

Die vorherigen Abschnitte haben gezeigt, dass die Umsetzung der Kurzarbeit von Arbeitnehmerseite verschieden wahrgenommen werden kann. Diese Wahrnehmung entscheidet darüber, ob die Mitarbeiter dem Arbeitgeber beim Einsatz dieses Instruments dauerhaft vertrauen oder nicht. „Vertrauen ist das Ergebnis einer funktionierenden Partnerschaft. Wird dies auf den Arbeitsalltag bezogen, so bildet eben dieses Vertrauen den Grundstein für eine langfristige Beziehung bzw. Bindung" (Jäger 2006: 50). Im übertragenen Sinne stellt der Einsatz von Kurzarbeit also eine Form des sozialen Austauschs dar.

Auf dem „Pfad der Beschäftigungssicherung" sehen die Betroffenen Kurzarbeit als langfristig ausgelegte Maßnahme, die die Arbeitnehmerinteressen mit den Interessen des Unternehmens gleichstellt und die die Beschäftigten vor der Arbeitslosigkeit bewahrt. Dadurch empfinden die Mitarbeiter, dass das Unternehmen ihnen Anerkennung schenkt und sie als wertvolle Ressource betrachtet. Dieses Verhalten belohnen die Arbeitnehmer, indem sie eine höhere emotionale Bindung gegenüber dem Unternehmen aufbauen und ein stärkeres Pflichtgefühl entwickeln. Affektives Commitment wächst, weil die Arbeitnehmer die Loyalität und Wertschätzung des Arbeitgebers zurückgeben möchten. Normatives Commitment wiederum wird verstärkt, weil die Arbeitnehmer den Einsatz von Kurzarbeit als eine Investition des Unternehmens ansehen, die sie in Form der Treue zurückzahlen wollen. Als Konsequenz steigen u.a. Motivation, Leistungsbereitschaft und die Bereitschaft zum Wohle des Unternehmens zu verzichten oder unpopuläre Entscheidungen mitzutragen.

Wird Kurzarbeit hingegen als „Ausnahmezustand" interpretiert, sanktionieren die Arbeitnehmer den Arbeitgeber dafür, dass er sie versucht auszunutzen. Diese Sanktionen äußern sich im Arbeitsverhältnis u.a. darin, dass die Mitarbeiterbindung sinkt und sich die eben beschriebenen positiven Auswirkungen ins Gegenteil umkehren. Die Arbeitnehmer reagieren im Rahmen des sozialen Austauschs auf die Ausnutzung durch Kurzarbeit also genauso reziprok (nur eben gegenteilig) wie auf die Begünstigung durch Kurzarbeit (Darstellung in Anlehnung an Blau 1964: 90f.).

Kommt der Missbrauch von Kurzarbeit auch ans Licht der Öffentlichkeit, müssen Sanktionen nicht zwangsläufig auf die Reziprozitätsnorm (wie in der Arbeitgeber-Arbeitnehmer-Beziehung) zurückzuführen sein. Analog zum Vertrauensspiel können Sanktionen auch in Form von sinkender Reputation verhängt werden. Dabei sind insbesondere die eigenen Mitarbeiter, die zumeist auch für die Aufdeckung der missbräuchlichen Handhabung von Kurzarbeit zuständig sind, dafür verantwortlich, dass die Ausnutzung des Arbeitgebers verbreitet wird. Tritt dieser Fall ein, verschlechtert sich das Bild des Unternehmens in der öffentlichen Wahrnehmung, z.B. gegenüber Kunden, Lieferanten und zukünftigen Arbeitnehmern. Aufgrund der multiplen Sanktionsmöglichkeiten verstärkt sich der Druck auf das Unternehmen, den sozialen Austausch im Rahmen der Kurzarbeit auch als einen solchen zu begreifen, anstatt die Maßnahme aufgrund ökonomischer Überlegungen auszunutzen (Blau 1964: 97).

Insgesamt lassen sich die bisherigen Erkenntnisse dieses Kapitels wie folgt zusammenfassen: Positive Wahrnehmungssignale schaffen Vertrauen, das wiederum Grundlage des Sozialtauschs ist. Wird Kurzarbeit als Maßnahme der Beschäftigungssicherung empfunden, entsteht solch eine gemeinsame Vertrauensbasis zwischen Arbeitgeber und Arbeitnehmern. Folglich kommt es zu einem sozialen Austausch, in dem der Einsatz von Kurzarbeit mit einer Erhöhung der emotionalen und normativen Mitarbeiterbindung belohnt wird. Im Falle der Ausnutzung hingegen verläuft die eben skizzierte Wirkungskette gegenteilig. Abschließend soll nun beleuchtet werden, was Unternehmen im Rahmen der Kurzarbeit tun können, um eine positive Wahrnehmung zu erzielen und folglich die Mitarbeiterbindung zu stärken.

4.5 Bewertung der affektiven und normativen Bindungswirkung von Kurzarbeit

4.5.1 Kurzarbeit als Einflussfaktor organisationalen Commitments

Der Einsatz von Kurzarbeit ruft, wie im vorherigen Abschnitt beschrieben, reziprokes Verhalten in Form einer sich verändernden Mitarbeiterbindung hervor. Demzufolge kann das Instrument Kurzarbeit selbst als ein Einflussfaktor organisationalen Commitments angesehen werden. Ähnlich wie die in Abschnitt 3.3 dargestellten Faktoren spielt auch hierbei die Ausprägung bzw. in diesem Fall die Wahrnehmung eine entscheidende Rolle dabei, ob die Mitarbeiterbindung steigt oder sinkt. Verschiedene Studien unterstützen die Hypothese, dass durch Kurzarbeit eine Bindungswirkung erzielt werden kann (vgl. etwa Chen 2004; Self/Holt/Schaninger et al. 2005; Moideenkutty et al. 2001; Agarwala 2003). So stellt insbesondere Agarwala (2003) eine positive Korrelation zwischen innovativen Personalpraktiken und der emotionalen und normativen Bindungskomponente fest. Solche Praktiken zeichnet vor allem aus, dass sie kreative, pragmatische und ergebnisorientierte Lösungen anstreben. Die vereinfachten Zugangsvoraussetzungen, die häufige Nutzung, der ökonomische Erfolg und die internationale Anerkennung suggerieren, dass Kurzarbeit diese Kriterien erfüllt. Demzufolge bestätigt sich die Behauptung, dass Kurzarbeit einen direkten Einfluss auf die emotionale und obligatorische Mitarbeiterbindung nimmt.

Vielmehr noch deuten die Vermutungen aus den Abschnitten 4.2 und 4.3 darauf hin, dass andere Einflussfaktoren organisationalen Commitments, wie das Gerechtigkeits- und Loyalitätsempfinden der Mitarbeiter, das Ansehen des Arbeitgebers, die eigene Position und Rolle im Unternehmen sowie Führungsstil und organisationale Unterstützung, die Wahrnehmung

Abb. 3: Kurzarbeit als Einflussfaktor affektiven und normativen Commitments

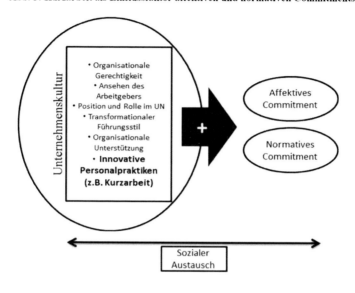

Quelle: Eigene Darstellung.

von Kurzarbeit affektieren. Allen Einflussfaktoren ist außerdem gemein, dass sie ihren Ursprung unmittelbar (z.B. Führungsstil) oder mittelbar (z.B. Ansehen des Unternehmens) in der Unternehmenskultur haben, die Jäger (2006: 75) aus diesem Grund als „das Kernelement der Bindungsfaktoren" bezeichnet. Aufgrund der gemeinsamen Wurzeln in der Unternehmenskultur, ist ein wechselseitiger Zusammenhang zwischen Kurzarbeit und den genannten Faktoren zu erwarten. Dieser Zusammenhang wird durch die Wahrnehmungseinflüsse von Kurzarbeit bestätigt. Die Wahrnehmung kann, wie bereits angedeutet, während des gesamten Einsatzes, also in der Einführungs-, Durchführungs- und Rückführungsphase, sowohl in eine positive als auch in eine negative Richtung ausschlagen. Abbildung 3 veranschaulicht die eben beschriebenen Zusammenhänge noch einmal.

In den abschließenden Überlegungen sollen den Unternehmen nun Handlungsempfehlungen für den Einsatz von Kurzarbeit an die Hand gegeben werden, mit Hilfe derer die Mitarbeiterbindung gestärkt werden kann. Mit diesem Wissen kann der Arbeitgeber dann den Einsatz dieses Kriseninstruments in doppelter Hinsicht positiv gestalten - aus ökonomischer und psychologischer Sicht. Andererseits schärft es aber auch das Bewusstsein über die Konsequenzen der Ausnutzung von Kurzarbeit, unerheblich davon, ob diese vom Unternehmen mutwillig herbeigeführt wurde oder nicht.

4.5.2 Handlungsempfehlungen für Arbeitgeber

Die Faktenlage im Rahmen der aktuellen Wirtschaftskrise legt nahe, dass die momentane Situation zur positiven Wahrnehmung von Kurzarbeit beitragen sollte. Möller/Walwei (2009: 82) behaupten, dass bei einem erwarteten Rückgang des BIP um 6,8 Prozent unter der Bedingung konstanter Arbeitszeiten und Produktivität bei rund 40 Millionen Erwerbstätigen etwa 2,7 Millionen Menschen weniger benötigt werden würden. Ginge man weiterhin von der Annahme aus, dass die Arbeitsproduktivität in Deutschland durch technischen Fortschritt jährlich um 1,3 Prozent zunimmt, könne eine zusätzliche Erhöhung der Arbeitslosenzahlen um insgesamt 3,2 Millionen erwartet werden. Abbildung 4 verdeutlicht jedoch genau das Gegenteil.

Abb. 4: Entwicklung der Erwerbstätigkeit in der aktuellen u. in früheren Abschwungphasen

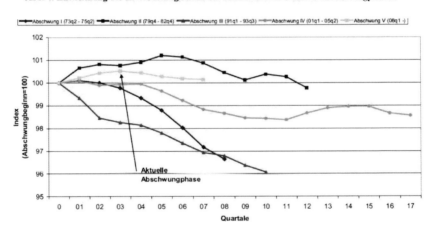

*Bsp. für das Lesen der Zeiträume: 73q2 – 75q2 = 2. Quartal 1973 bis 2 Quartal 1975.

Quelle: Herzog-Stein/Seifert (2010: 9).

42

Seit Beginn des Abschwungs ist der Erwerbstätigkeitsindex sogar leicht gestiegen. Im Vergleich zu vorherigen Konjunktureinbrüchen unterstreicht dies, dass Unternehmen auf Beschäftigungsalternativen zurückgreifen und die in der Zukunft erwartete Arbeitsmarktlage, insbesondere in Bezug auf den Mangel an Fach- und Führungskräften, berücksichtigen. Trotz eines deutlichen Rückgangs der Produktivität je Arbeitsstunde (wie in Abbildung 5 dargestellt), reagieren die Unternehmen verstärkt mit beschäftigungssichernden Maßnahmen und versuchen ihre Mitarbeiter zu halten.

Abb. 5: Entwicklung der Arbeitsproduktivität je Erwerbstätigenstunde

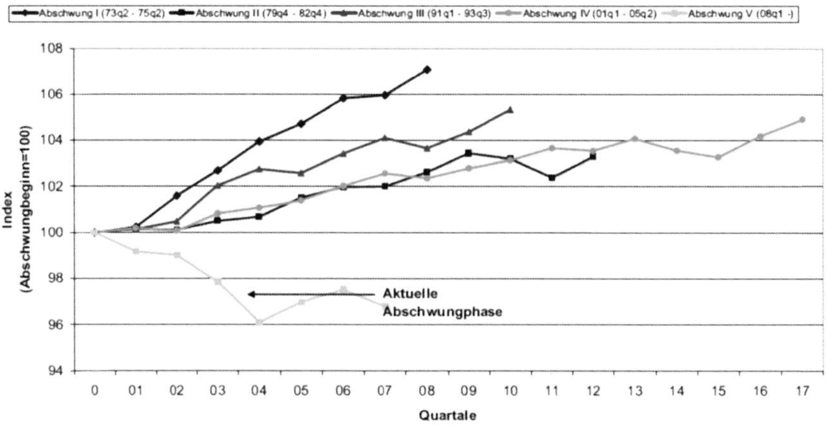

Quelle: Herzog-Stein/Seifert (2010: 12).

Dieses Verhalten erscheint vor allem dahingehend verwunderlich, dass im Zuge der Hartz-Reformen der Kündigungsschutz und die Regelungen zur befristeten Beschäftigung gelockert wurden und somit mit mehr Entlassungen zu rechnen sein müsste. Diese Entwicklung zeigt, dass sich die meisten Unternehmen durchaus loyal gegenüber ihren Mitarbeitern verhalten. Damit agieren sie nach den Empfehlungen von Wiener (1982), der konstatiert, dass es Ziel eines Unternehmens sein sollte, Loyalität und Verpflichtung gegenüber den Arbeitnehmern in das organisationale Wertesystem zu integrieren, damit sich die Mitarbeiter reziprok verhalten und ihrerseits ein moralisches Pflichtbewusstsein (eine normative Bindung) aufbauen. Dabei unterscheidet er zwischen dem Aufbau eines grundsätzlichen Pflichtgefühls gegenüber dem Arbeitgeber („generalized loyalty and duty") und dem Pflichtgefühl aufgrund der Übereinstimmungen mit der Mission, den Zielen, der Führung und der Verfassung des Arbeitgebers („mission congruency") (Wiener 1982: 423). Letztere Komponente steht also in direktem Bezug zur Unternehmenskultur. Diese vereint darüber hinaus weitere Aspekte.

Ziel des Unternehmens sollte es demnach sein, eine Prozess- und Verteilungsgerechtigkeit innerhalb der Organisation zu gewährleisten (Moideenkutty et al. 2001). Prozessgerechtigkeit bezieht sich darauf, wie transparent und nachvollziehbar die Durchführung einer Maßnahme, also hier der Einsatz von Kurzarbeit im Unternehmen, ist. So beobachten die Arbeitnehmer, ob beispielsweise Auftragsrückgänge spürbar sind und die Arbeitssituation Kurzarbeit nahelegt. Im Fokus der Verteilungsgerechtigkeit steht etwa die Bewertung der Mitarbeiter darüber, ob Kurzarbeit innerhalb des Unternehmens in allen Bereichen eingesetzt wird oder ob bestimmte Bereiche oder Hierarchieebenen davon ausgenommen werden und inwiefern diese Ausnahmen zu vertreten sind.

Die Unternehmenskultur und die durch sie gelebten Werte, wie etwa Loyalität und Gerechtigkeit, sorgen dafür, dass die Mitarbeiter stolz auf ihren Arbeitgeber sind und beeinflussen das Ansehen des Unternehmens in der Öffentlichkeit (Jäger 2006: 80). In diesem Zusammenhang zeigen Carmeli (2005) und Chen/Goddard/Casper (2004), dass ein positiver Zusammenhang insbesondere zwischen affektivem Commitment und dem wahrgenommenen sozialen und ökonomischen Image des Unternehmens besteht. Dutton/Dukerich/Harquail (1994) unterscheiden zwischen interner Identität und externem Image eines Unternehmens. Danach verstärkt sich zum einen die emotionale Bindung von Mitarbeitern, umso mehr der Eindruck entsteht, dass das eigene Unternehmen im Vergleich zu anderen besonders wichtige Eigenschaften vertritt, sich also z.B. sehr loyal gegenüber seinen Mitarbeitern verhält. Zum anderen beeinflusst das externe Ansehen des eigenen Arbeitgebers die persönliche Bindung zu diesem. Ist die Einführung von Kurzarbeit also auch aus Sicht des Unternehmensumfeldes nachvollziehbar, stärkt dies die Bindung der eigenen Mitarbeiter, indem sie mit Stolz über ihren Arbeitgeber berichten können.

Jedoch ist das Vertrauen, das aus dem Entwicklungsprozess der Unternehmenskultur hervorgeht, noch viel wichtiger als festgeschriebene Werte und Normen (Jäger 2006). San Martín (2008) konstatiert hierzu, dass normatives und affektives Commitment durch ein stabiles Vertrauensverhältnis und den kontinuierlichen Informationsaustausch zwischen Mitarbeitern und Vorgesetzten gefördert werden. Folglich beeinflusst nicht nur der unternehmerische Kontext und die damit verbundene Unternehmenskultur die Wahrnehmung von Kurzarbeit. Auch wirkt auf die Mitarbeiterbindung, wie diese Maßnahme kommuniziert wird.

Dabei ist der Informationsaustausch zwischen Arbeitgeber und Arbeitnehmern eng an den Führungsstil gekoppelt. Eine Vielzahl von Studien weisen einen stark positiven Zusammenhang zwischen einem transformationalen Führungsstil und affektivem Commitment nach (vgl. u.a. Humprehys/Weyant/Sprague 2003; Chan 2004; Kent/Chelladurai 2001). Transformationale Führung „ … focuses on the leader-follower relationship that benefits both the individuals involved and the organization as a whole" (Kent/Chelladurai 2001: 136). Ein solcher Führungsstil berücksichtigt also die Interessen des Unternehmens und der Arbeitnehmer. Er basiert auf dem Austausch immaterieller Werte. Folglich spielen Charaktereigenschaften des Vorgesetzten (als Personifizierung des Arbeitgebers) wie Charisma, Kommunikationsfähigkeit oder Pragmatismus eine wichtige Rolle (Humprehys/Weyant/Sprague 2003; Kent/Chelladurai 2001). Vielmehr noch führt ein hohes Maß an Einbindung und Beteiligung der Mitarbeiter, so genanntes High-Commitment HRM dazu, dass sich hohes affektives Commitment herausbildet (Agarwala 2003). Kurzarbeit kann also durch intensiven und authentischen Informationsaustausch und Partizipation der Arbeitnehmer bei der Ein- und Durchführung, die Mitarbeiterbindung erhöhen.

Dementsprechend sollten die Unternehmen eine vertrauensfördernde Informationspolitik betreiben, die die Mitarbeiter zeitnah, sachgerecht (verständlich) und vollständig über das aktuelle Unternehmensgeschehen sowie die geplanten Maßnahmen auf dem Laufenden hält. Im Zuge der Kurzarbeit beinhaltet dies eine transparente und offene Kommunikation darüber, wie der Einsatz von Kurzarbeit rechtlich abläuft und welche Auswirkungen auf den Arbeitsalltag sowie das Privatleben zu erwarten sind. Auch sollte das Unternehmen offensiv mit der wirtschaftlichen Notsituation umgehen und Verluste sowie wirtschaftliche Zwänge derart offen kommunizieren, dass die Mitarbeiter ein Bewusstsein dafür entwickeln, dass das Unternehmen und dessen Arbeitsplätze in Gefahr sind. Zwar sollte nicht unnötigerweise Angst verbreitet werden, jedoch ist es wichtig, der Belegschaft die Realität nicht zu verschweigen. Ziel ist es, die Arbeitnehmer zu sensibilisieren und vom Einsatz der Kurzarbeit zu überzeugen. Der Informationsaustausch kann dabei über verschiedene Kanäle (z.B. Intranet, Aushänge, Rundschreiben, etc.) auf verschiedenen Ebenen (z.B. persönliche Gespräche, Betriebsversammlungen, etc.) stattfinden.

Die Beteiligung der Arbeitnehmer bei der Planung und Durchführung von Kurzarbeit sollte ebenso frühzeitig einsetzen. Eine solche Partizipation kann z.B. in der Form stattfinden, dass die Mitarbeiter in gegenseitiger Absprache die Kurzarbeitstage individuell planen und festlegen, um somit privat größtmögliche Freiräume zu schaffen.[13]

Freiräume sollten darüber hinaus auch im Arbeitsalltag erhalten bleiben. Schließlich wird Kurzarbeit aufgrund der schlechten Auftragslage eingeführt, sodass das Arbeitspensum im Vergleich zur normalen Arbeitszeit nicht steigen sollte. Auch ist eine an die Umstände der

---

[13] In ihrem Kurzfilmbeitrag dokumentieren Bracht/Kruse (2010) die Möglichkeit zur Selbstplanung von Kurzarbeitstagen zu Monatsbeginn, wie es bei einem großen deutschen Nutzfahrzeughersteller praktiziert wird.

Kurzarbeit angepasste Koordination der Mitarbeiter erforderlich. Diese muss berücksichtigen, dass die Arbeitnehmer in einer Produktionsabteilung etwa aus ihren ursprünglichen Schichten gezogen werden und sich unter Umständen auf zunehmend wechselnde Kollegen einstellen müssen. Mitarbeiter der Verwaltung wiederum sehen sich häufiger mit der Situation konfrontiert, dass sie sich in Kurzarbeit mir ihrem Bürokollegen abwechseln, d.h. einer von beiden etwa montags, der andere freitags nicht am Arbeitsplatz anzutreffen ist oder der eine vor- und der andere nachmittags arbeitet. Damit eine solche Umstellung die Wahrnehmung von Kurzarbeit nicht negativ beeinflusst, ist neben vorbereitenden Maßnahmen in Form von einer angemessenen Kommunikation darauf zu achten, dass weiterhin zuverlässige Absprachen getroffen werden können, die auch während der Kurzarbeit strukturiertes Arbeiten ermöglichen. Im besten Fall gewährleistet das Unternehmen im Sinne der Zufriedenheit der Mitarbeiter und des Erhalts der Teamproduktivität, dass eingespielte Arbeitsteams zusammenbleiben (Herzog-Stein/ Seifert 2010: 5).

So wird auch vermieden, dass es zu unklaren Rollenverteilungen in den täglichen Arbeitsabläufen kommt. Ansonsten besteht die Gefahr zunehmender Rollenkonflikte. Diese treten z.B. auf, wenn die Mitarbeiter sich ausschließende oder zumindest gegensätzliche Ziele verfolgen sollen. Somit geht die Ausübung einer Tätigkeit auf Kosten der anderen bzw. erschwert die Erfüllung der anderen Aufgabe. Ebenso führen Unklarheiten bei dem vom Mitarbeiter erwarteten Verhalten dazu, dass sich aus Sicht der Arbeitnehmer ihre Position im und damit ihr Stellenwert für das Unternehmen verschlechtert. In Konsequenz schwinden der Zuspruch zur Kurzarbeit und damit auch das affektive und normative Commitment (vgl. Addae et al. 2008; King/Sethi 1997; Yousef 2002; Meyer et al. 2002).

Weiterhin kann Stress im Rahmen der Kurzarbeit deren Wahrnehmung trüben. Einerseits vergrößert ein höheres Arbeitspensum den Stressfaktor, andererseits erzeugt die mentale Belastung aufgrund der zumeist sehr unsicheren Zukunftslage und die Angst vor Entlassungen ein sehr hohes Stressgefühl. Brockner et al. (2004) schlussfolgern, dass eine weniger starke mentale Belastung und eine hohe wahrgenommene Einflussnahme der Mitarbeiter die Negativeffekte von Stress auf die emotionale Mitarbeiterbindung verringern. Um es gar nicht erst soweit kommen zu lassen, sollten Unternehmen darauf achten, dass Kurzarbeit nicht zu Mehrbelastungen führt und Unsicherheiten im Rahmen einer gezielten Kommunikationspolitik abgebaut werden. Geschieht dies nicht, ist Kurzarbeit in zweierlei Hinsicht gesundheitsgefährdend. Neben der nervlichen Belastung aufgrund zukünftiger Unsicherheiten, erfordert eine höhere Arbeitsbelastung eine Leistungsverdichtung, in deren Folge sich die Unfallgefahr erhöht. Wenn die angespannte wirtschaftliche Situation dann auch noch dazu führt, dass notwendige Reparaturmaßnahmen, z.B. an Maschinen, aufgeschoben werden, leidet die Arbeitssicherheit erheblich (Kock 1985: 29). Eine Online-Umfrage des Wirtschafts- und Sozialwissenschaftlichen Instituts (WSI) der Hans-Böckler-Stiftung belegt, dass sich die Arbeitsbedingungen während der Krise bei vielen Unternehmen verschlechtert haben, wobei solche, die besonders stark betroffen sind, eine zusätzliche Verschlechterung zu verzeichnen haben. So geben 76 Prozent der Befragten aus Krisenbetrieben an, dass sich der Leistungsdruck erhöht hat und weitere 75 Prozent meinen, das Betriebsklima habe gelitten (Bispinck et al. 2010: 3).

Neben einer Überforderung der Mitarbeiter im Rahmen der Kurzarbeit, sollten Unternehmen aber auch eine Unterforderung vermeiden. Birgt ersteres Problem gesundheitliche Gefahren wie die eines Burn-Outs, so kann letztere Situation zum Bore-Out-Syndrom führen. Dieses beschreibt die psychologische Abnutzung aufgrund der systematischen Unterforderung und einer dadurch bedingt fühlbar sinkenden Wertschätzung des Unternehmens (Zucchi 2010). Chen et al. (2004) belegen in diesem Zusammenhang, dass das Selbstvertrauen der Mitarbeiter und die Wertschätzung durch den Arbeitgeber einen signifikant hohen Einfluss auf die emotionale Bindung haben. Brockner et al. (2004) zeigen sogar, dass diese positive Korrelation noch stärker ist, wenn das Unternehmen Entlassungsmaßnahmen durchführt bzw. sich in einem kriselnden Umfeld befindet. Dementsprechend sollten Verantwortungsbereich und Arbeitsrolle während des Einsatzes von Kurzarbeit erhalten bleiben. Werden Mitarbeitern Kompetenzen entzogen, führen sie dies auf den Ausnahmezustand Kurzarbeit zurück und entziehen dem Arbeitgeber ihrerseits das Vertrauen (Jäger 2006).

Die WSI-Umfrage (2010: 3) zu den Arbeitsbedingungen impliziert noch einen weiteren wichtigen Aspekt. So sehen 66 Prozent der Befragten im Zuge der Krise sich verschlechternde Aufstiegs- und Karrierechancen in ihrem Betrieb. Dieser Eindruck ist sicherlich auch darauf zurückzuführen, dass viele Unternehmen während der Krise nicht in die Weiterbildung ihrer Mitarbeiter investieren, obwohl die BA eine solche Investition explizit subventioniert. Jäger (2006: 33) legt Unternehmen zur Stärkung der Mitarbeiterbindung jedoch nahe, Trainingsmaßnahmen voranzutreiben, da diese sich als ein Mittel auszeichnen, langfristiges Commitment zu betreiben. In einschlägiger Literatur wird deutlich, dass aktiv gefördertes Bildungsmanagement, interne Karriereleitern und Transparenz bei den Aufstiegsmöglichkeiten die emotionale und normative Bindungskomponente erweitern (vgl. u.a. Lee/Bruvold 2003; Bartlett/Kang 2004; Ahmed/Baker 2003; Lingard/Lin 2004). Demnach sollten die staatlichen Bildungsanreize intensiv genutzt werden. Obschon aufgrund der wirtschaftlichen Lage Beförderungen vorerst zumeist ausbleiben, geben gezielte Trainingsmaßnahmen den

Mitarbeitern das Gefühl der Wertschätzung und hinterlassen den Eindruck, dass auf ihre Kompetenzen auch nach der Krise gesetzt wird. Damit wird unterstrichen, dass Kurzarbeit zukunftsorientiert eingesetzt wird und lediglich eine Brückenfunktion erfüllt.

Allerdings ist in Bezug auf die Nutzungshäufigkeit von Weiterbildungsmaßnahmen genau das Gegenteil zu beobachten. Viele Unternehmen können aufgrund der unsicheren Auftragslage noch nicht genau absehen, ob die Arbeitnehmer solange im Betrieb verbleiben, bis sich die anfallenden Trainingskosten amortisiert haben und sehen deshalb von solchen Maßnahmen ab (vgl. Crimmann/Wießner/Bellmann 2010; Deeke 2005).[14] Crimmann/Wießner/Bellmann (2010: 29ff.) bilanzieren folgerichtig, dass Qualifizierungsmaßnahmen während der Kurzarbeit umso wahrscheinlicher sind, je stabiler die Zukunftsprognosen für das Unternehmen ausfallen. Zudem werden Trainingsmaßnahmen für Kurzarbeiter umso eher angewendet, je mehr Wert das Unternehmen generell (also auch schon vor der Krise) auf die Qualifizierung der Mitarbeiter legt.

In Hinblick darauf, wie Kurzarbeit aufgrund der privaten Situation wahrgenommen wird, sind vor allem sozio-ökonomische Merkmale von Gewicht. So determiniert insbesondere die Anzahl der Kinder sowie die Einkommens- und Vermögenssituation den finanziellen Druck, dem sich Kurzarbeiter aufgrund des geringeren Gehalts gegenübersehen. Zwar entzieht sich dieser Bereich größtenteils dem Handlungsspielraum der Unternehmen, dennoch sollten Arbeitgeber die Situation ihrer Beschäftigten kennen und sensibel darauf reagieren. Die Kurzarbeiter stehen vor der Herausforderung, finanzielle Einbußen und bestehende Verpflichtungen zu koordinieren. Umso mehr sie sich dabei durch den Arbeitgeber unterstützt fühlen, desto größer ist ihr Zuspruch zur Kurzarbeit.

Aber nicht nur eine neue finanzielle Balance ist zu finden. Auch müssen die veränderten Arbeitszeiten mit dem privaten Umfeld abgestimmt werden. Durch Kurzarbeit verändern sich alltägliche Routinen, was eine erhöhte Flexibilität seitens der Mitarbeiter erfordert. Linne (1999: 28) bemerkt hierzu, dass im Zuge der Arbeitszeitverkürzung das Risiko besteht, dass steigende Synchronisationserfordernisse vom Unternehmen auf die Beschäftigten und deren privates Umfeld verlagert werden.[15] Folglich droht sich der individuelle Zeitgewinn durch Arbeitszeitverkürzungen zu verflüchtigen, weil die zusätzlichen Flexibilitätsanforderungen

---

[14] Allerdings ist diese Zurückhaltung auch bedingt durch die hohen bürokratischen Hürden sowie den innerbetrieblichen Organisations- und Planungsaufwand für die Durchführung von Schulungen, zumal die Kapazitäten der Personalabteilungen vor allem durch die Organisation der Kurzarbeit während der Krise sowieso schon ausgelastet sind (Nahrendorf 2009).

[15] Arbeitszeitpolitik ist auch ein Instrumentarium der Gesellschaftspolitik. Mit anderen Worten haben Arbeitszeitverkürzungen auch soziale Folgen für das private und öffentliche Umfeld der Kurzarbeiter (Linne 1999: 27). Dies wird durch die VW-Studie eindrucksvoll dokumentiert. So hat sich z.B. die Zahl der Ehescheidungen in Wolfsburg nach Einführung des neuen Arbeitszeitmodells bei VW rapide erhöht und Sportvereine mussten einen hohen Rückgang der Mitgliederzahlen verzeichnen (vgl. u.a. Promberger 1997; Eberling/Henckel 1998).

den Beschäftigten immer mehr Zeitaufwand für Abstimmungsleistungen in ihrem sozialen Umfeld abverlangen (Linne 1999: 27; Behrendt 1998). Dementsprechend sind Work-Life Balance Maßnahmen während der Kurzarbeit genauso wichtig wie in Zeiten der Vollbeschäftigung. Shaffer et al. (2001) und Haar/Spell (2004) heben hervor, dass es zur Stärkung des affektiven Commitments aus Arbeitgebersicht entscheidend ist, die Mitarbeiter bei der Abstimmung zwischen Berufs- und Privatleben zu unterstützen. Im Rahmen der Kurzarbeit sollte diese Unterstützung vor allem in Form der Partizipation stattfinden, die den Arbeitnehmern eine möglichst freie Planung der Arbeitszeitverkürzungen erlaubt (z.b. in Form der genannten „Blockung" von Kurzarbeitstagen).

Da die gelockerten Rahmenbedingungen zur konjunkturellen Kurzarbeit spätestens Mitte 2012 auslaufen, müssen sich die Unternehmen auch damit auseinandersetzen, ob und wie der Übergang von Kurzarbeit zurück in Vollbeschäftigung vollzogen werden kann. Dieser Schritt beeinflusst nachhaltig die Vertrauensbeziehung zwischen Arbeitgeber und Arbeitnehmern und stellt gleichzeitig die Weichen dafür, auf welche Akzeptanz zukünftige Personalmaßnahmen stoßen werden. Obwohl Crimmann/Wießner/Bellmann (2010: 35) die beschäftigungssichernde Wirkung von Kurzarbeit weiterhin als unklar einschätzen, unterstreichen die Umfrageergebnisse des Instituts für Wirtschaftsforschung (ifo) unter 1500 Personalleitern den beschäftigungssichernden Effekt von Kurzarbeit und suggerieren, dass der Übergang in Vollzeitbeschäftigung nach überstandener Krise die Regel ist (Dorfmeister 2010). Insgesamt 22 Prozent der befragten Betriebe setzen auf Kurzarbeit, wobei 52 Prozent davon den bisherigen Umfang auch in 2010 beibehalten und weitere 34 Prozent Kurzarbeit reduzieren wollen. An dieser Stelle zeigt sich die arbeitsplatzerhaltende Wirkung von Kurzarbeit, denn 85 Prozent der Unternehmen geben an, bei der Ausdehnung auf die normale Arbeitszeit ohne Entlassungen auszukommen. Dieses Ergebnis ist sicherlich als Signal der Beschäftigungssicherung zu werten und sollte den Mitarbeitern vor Augen gehalten werden.

Jedoch ist der Übergang zur normalen Arbeitszeit auch bei einem geplanten Beschäftigungserhalt sehr sensibel zu vollziehen. Die Unternehmen sollten unbedingt darauf achten, dass Kurzarbeit zunächst in allen Bereichen des Betriebes beendet wird, bevor wieder Überstunden gefahren und Arbeitszeitkonten aufgebaut werden. Andernfalls könnte das Gefühl aufkommen, dass Kurzarbeit zu einer staatlich subventionierten Arbeitsumschichtung im Betrieb führt und somit auf Kosten der Mitarbeiter „künstlich" verlängert wird. Dieser Eindruck kann etwa dann entstehen, wenn eine Produktionsabteilung Doppelschichten fahren muss während eine andere weiterhin kürzer arbeitet.

Die Handlungsempfehlungen dieses Abschnitts fokussieren sich auf den Erhalt bzw. Ausbau der Mitarbeiterbindung im Zuge des Einsatzes von Kurzarbeit. Sicherlich sprechen zeitliche und finanzielle Kapazitätsbeschränkungen, insbesondere während der Krise, oftmals gegen eine zielgenaue Umsetzung dieser Empfehlungen. Kurzarbeit wird schließlich nicht zuletzt deswegen eingesetzt, weil sich das Unternehmen in wirtschaftlichen Schwierigkeiten befindet. Ziel des Arbeitgebers sollte es aber dennoch sein, die Arbeitnehmer auf den in 4.2 skizzierten „Pfad der Beschäftigungssicherung" zu führen und vor allem zu halten. Gelingt dies, muss mit Kurzarbeit kein Trade-off zwischen der ökonomischen und psychologischen Wirkung verbunden sein. Vielmehr festigt die positive Wahrnehmung von Kurzarbeit die Vertrauensbasis und Beziehung zwischen Arbeitgeber und Arbeitnehmern, wodurch die positiven Auswirkungen einer stärkeren emotionalen und obligatorischen Mitarbeiterbindung zum Tragen kommen.

5 Schlussbetrachtungen

Die Ergebnisse der in dieser Arbeit durchgeführten Theorieanalyse zur Bindungswirkung von Kurzarbeit zeigen, dass Arbeitgeber mit dem Einsatz dieser Maßnahme nicht nur einen ökonomischen Nutzen generieren können. Auch aus psychologischer Sicht kann sich Kurzarbeit nachhaltig als vorteilhaft erweisen, indem es den sozialen Austausch zwischen Arbeitgeber und Arbeitnehmern fördert. Als Folge dieses Austauschs wird affektives und normatives Commitment der Mitarbeiter beeinflusst. Somit fungiert Kurzarbeit als Einflussfaktor dieser beiden Bindungskomponenten. Die Ausprägung des Einflussfaktors Kurzarbeit wiederum entscheidet darüber, ob die Mitarbeiterbindung gestärkt wird oder nicht.

Um eine Erhöhung organisationalen Commitments zu bewirken, muss das Unternehmen in der Einführungs-, Durchführungs- und Rückführungsphase sicherstellen, dass die Mitarbeiter Kurzarbeit als Maßnahme zur Beschäftigungssicherung wahrnehmen. Dies ist dann der Fall, wenn sie die Notwendigkeit von Kurzarbeit in ihrem Betrieb erkannt haben, eine sachgerechte und frühzeitige Kommunikation Unsicherheiten abgebaut hat, glaubhafte Aussichten auf eine Rückkehr zur Vollbeschäftigung gemacht wurden und ein hohes Maß organisationaler Unterstützung bei der beruflichen und privaten Koordination von Kurzarbeit gewährleistet wird.

Versuchen Unternehmen hingegen die gelockerten Rahmenbedingungen auf Kosten der Mitarbeiter gezielt auszunutzen oder entsteht aufgrund von Wahrnehmungsverzerrungen ein solcher Eindruck, sehen die Arbeitnehmer Kurzarbeit als eine Art Ausnahmezustand. In Folge solch einer negativen Wahrnehmung endet die Kooperation zwischen Arbeitgeber und Arbeitnehmern in Bezug auf den gegenseitigen sozialen Austausch. Dadurch löst Kurzarbeit einen Negativeffekt auf affektives und normatives Commitment aus, wodurch u.a. Leistungsbereitschaft und Motivation der Mitarbeiter abnehmen. Im Extremfall kann dieser psychologische Negativeffekt der Kurzarbeit, den positiven ökonomischen Effekt überkompensieren.

Insgesamt sollte es Ziel des Unternehmens sein, die durch die Zwänge auf dem Arbeitsmarkt empfundene Gebundenheit, also hohes kalkulatives Commitment, durch das Gefühl der Verbundenheit, also des affektiven und normativen Commitments, auszugleichen (Jäger 2006: 35f.). Trägt Kurzarbeit dazu bei, den Mitarbeitern ein Gefühl des Bleiben-Wollens anstelle eines des Bleiben-Müssens zu vermitteln, ist es in zweierlei Hinsicht ein Erfolgsmodell – ökonomisch und psychologisch.

Die im Rahmen dieser Arbeit durchgeführte Analyse der psychologischen Wirkung von Kurzarbeit ist ausschließlich theoretischer Natur und beruht auf keiner empirisch fundierten Grundlage. So basieren insbesondere die Einflussfaktoren zur Wahrnehmung von Kurzarbeit auf Vermutungen und Indikatoren aus zumeist nicht wissenschaftlichen Quellen. Die Erhebung empirischer Daten, etwa in Form einer Befragung der von Kurzarbeit betroffenen Mitarbeiter, würde die Möglichkeit eröffnen, die theoretischen Befunde zu verifizieren. Dementsprechend sind auch die Handlungsempfehlungen zur Steigerung der Mitarbeiterbindung kritisch zu betrachten. Aufgrund der Tatsache, dass Unternehmen verschiedener Größe und verschiedener Branchen Kurzarbeit nutzen und die Wirtschaftskrise auf diese Unternehmen in ganz unterschiedlicher Form abstrahlt, sind sehr allgemeine Empfehlungen sicherlich nur bedingt anwendbar. Auch ist deren Umsetzbarkeit in vielen Situationen wahrscheinlich mehr als fraglich, da kapazitative Grenzen dem entgegenstehen. So sind die Personalabteilungen im Zuge des Einsatzes von Kurzarbeit oftmals sehr stark überlastet und auch in finanzieller Hinsicht erlaubt es die Krise den meisten Unternehmen nicht, parallel zur Kurzarbeit etwa Weiterbildungsmaßnahmen durchzuführen.

Das Verhalten der deutschen Unternehmen während der Weltwirtschaftskrise hinsichtlich der Hortung der Mitarbeiter überrascht allerdings schon ein wenig und sollte nicht nur vor dem Hintergrund staatlicher Subventionen beurteilt werden. Offenbar hat, nicht zuletzt aufgrund zukünftiger Arbeitsmarktprognosen, ein Umdenken bei vielen Personalverantwortlichen stattgefunden. Konnten oder wollten Unternehmen sich in vergangenen Krisen die Weiterbeschäftigung ihrer Mitarbeiter nicht mehr leisten, sorgen innovative Personalpraktiken wie die Kurzarbeit offensichtlich dafür, dass die Unternehmen heutzutage die Entlassung ihrer Mitarbeiter nicht mehr finanzieren wollen. So kommt Bewley (1990) nach Befragungen in US-amerikanischen Unternehmen während einer Rezession in den 80er Jahren noch zu dem Ergebnis, dass Unternehmer eher Entlassungen als Gehaltskürzungen durchführen würden, da letztere die Moral der betroffenen Mitarbeiter senken würden. Arbeitnehmer in Kurzarbeit sehen sich allerdings genau solchen Gehaltskürzungen ausgesetzt, die aber, wie diese Arbeit zeigt, nicht zwangsläufig negative Auswirkungen haben müssen. Möglicherweise führt also das „Volksphänomen" Kurzarbeit zu einer geänderten Sichtweise bei Unternehmen und Beschäftigten. So ist zu vermuten, dass die Moral der Mitarbeiter wesentlich stärker zu leiden hat, wenn trotz der Entlastungsmöglichkeiten, die Kurzarbeit bietet, Entlassungen bevorzugt werden.

Zukünftige Arbeiten könnten einen solchen Vergleich zwischen der psychologischen Wirkung von Entlassungen gegenüber der von Gehaltskürzungen im Rahmen von Kurzarbeit aufgreifen. Die Frage, die sich in diesem Zusammenhang stellt, ist also, ob Mitarbeiter eine sofortige Entlassung einer unsicheren Weiterbeschäftigung in Kurzarbeit vorziehen und welche Faktoren diese Wahl beeinflussen. Darüber hinaus gilt es sicherlich weiterhin zu erforschen, inwieweit der in dieser Arbeit dargestellte theoretische Zusammenhang zwischen der Mitarbeiterbindung und Kurzarbeit empirisch belegt werden kann. Weitere Forschungsarbeiten könnten untersuchen, wie Mitarbeiter Kurzarbeit nach deren Einsatz beurteilen, ob und wie sich ihre Loyalität gegenüber dem Arbeitgeber verändert hat und wie das Unternehmen und sie selbst mit den Anforderungen und Schwierigkeiten der Kurzarbeit umgegangen sind. Daraus könnten wiederum empirisch gestützte Handlungshinweise für Arbeitgeber hervorgehen, die bei wiederholter Nutzung von Kurzarbeit zum Tragen kommen könnten.

LITERATURVERZEICHNIS

Adamek, Sascha; Otto, Kim 2009: Hoffen, Bangen, Täuschen – Der Schwindel mit der Kurzarbeit. Martens, Klaus (Redaktion). Köln: Westdeutscher Rundfunk.

Addae, Helena M.; Parboteeah, Praveen K.; Velinor, Nickler 2008: Role Stressors and Organizational Commitment: Public Sector Employment in St Lucia. In: International Journal of Manpower 29(2008)6: 567–582.

Agarwala, Tanuja 2003: Innovative Human Resource Practices and Organizational Commitment: an Empirical Investigation. In: International Journal of Human Resource Management 14(2003)2: 175–197.

Ahmed, Kamarul Zaman; Bakar, Raida Abu 2003: The Association between Training and Organizational Commitment among White Collar Workers in Malaysia. In: International Journal of Training and Development 7(2003)3: 166–185.

Baron, James N.; Kreps, David, M. 1999: Strategic Human Resources. New York: Wiley.

Bartlett, Kenneth; Kang, Dae-Seok 2004: Training and Organizational Commitment among Nurses following Industry and Organizational Change in New Zealand and the United States. In: Human Resource Development International 7(2004)4: 423–440.

Becker, Howard S. 1960: Notes on the Concept of Commitment. In: The American Journal of Sociology 66(1960)1: 32–40.

Becker-Wenzel, Anke; Judzikowski, Steffen; Sperling Joe 2009: Tricksen mit der Kurzarbeit. In: Frontal 21, Sendung vom 25.08.2009.

Blau, Peter M. 1964: Exchange and Power in Social Life. New York: John Wiley & Sons.

Bogedan, Claudia; Brehmer, Wolfram; Herzog-Stein, Alexander 2009: Betriebliche Beschäftigungssicherung in der Krise. Eine Kurzauswertung der WSI-Betriebsrätebefragung 2009. Düsseldorf: Wirtschafts- und Sozialwissenschaftliche Institut (WSI) in der Hans-Böckler-Stiftung.

Bogedan, Claudia; Herzog-Stein, Alexander; Klenner, Christina; Schäfer, Claus 2009: Vom Schutzschirm zum Bahnbrecher – Anforderungen an die Arbeitsmarkt- und Beschäftigungspolitik in der Wirtschaftskrise. Düsseldorf: Wirtschafts- und Sozialwissenschaftliche Institut (WSI) in der Hans-Böckler-Stiftung. WSI-Diskussionspapier Nr. 167.

Bracht, Andreas; Kruse Thorsten 2010: Kurzarbeit und Konsum? Kurzfilmbeitrag im Rahmen des Projektkurses "Perspektiven der Unternehmenspolitik" an der Universität Paderborn im WS 09/10. Paderborn.

Brenke, Karl; Rinne, Ulf; Zimmermann, Klaus F. 2010: Kurzarbeit: Nützlich in der Krise, aber nun den Ausstieg einleiten. Berlin: Deutsches Institut für Wirtschaftsforschung (DIW). DIW-Wochenbericht Nr. 16/2010.

Brockner, Joel; Spreitzer, Gretchen; Mishra, Aneil; Hochwarter, Wayne; Pepper, Lewis; Weinberg, Janice 2004: Perceived Control as an Antidote to the Negative Effects of Layoffs on Survivors' Organizational Commitment and Job Performance. In: Administrative Science Quarterly 49(2004)1: 76–100.

Buchanan, Bruce 1974: Building Organizational Commitment: The Socialization of Managers in Work Organizations. In: Administrative Science Quarterly 19(1974)4: 533–546.

Bundesagentur für Arbeit (BA) 2009: Ein Jahr Krise auf dem deutschen Arbeitsmarkt. Nürnberg: Bundesagentur für Arbeit.

Bundesagentur für Arbeit (BA) 2010a: Kurzarbeitergeld - Informationen für Arbeitgeber und Betriebsvertretungen. Nürnberg: Bundesagentur für Arbeit.

Bundesagentur für Arbeit (BA) 2010b: Kurzarbeitergeld - Informationen für Arbeitnehmer. Nürnberg: Bundesagentur für Arbeit.

Caldwell, David F.; Chatman, Jennifer A.; O'Reilly, Charles A. 1990: Building Organizational Commitment: A Multifirm Study. In: Journal of Occupational Psychology 63(1990)3: 245–261.

Carmeli, Abraham 2005: Perceived External Prestige, Affective Commitment, and Citizenship Behaviors. In: Organization Studies 26(2005)3: 443–464.

Chen, Gilad; Goddard Thomas G.; Casper Wendy J. 2004: Examination of the Relationships among General and Work-Specific Self-Evaluations, Work-Related Control Beliefs, and Job Attitudes. In: Applied Psychology: An International Review 53(2004)3: 349–370.

Chen, Li Yueh 2004: Examining the Effect of Organization Culture and Leadership Behaviors on Organizational Commitment, Job Satisfaction, and Job Performance at Small and Middle-sized Firms of Taiwan. In: The Journal of American Academy of Business 5(2004)1: 432–438.

Cohen, Aaron 1993: Organizational Commitment and Turnover: A Meta-Analysis. In: Academy of Management Journal 36(1993)5: 1140–1157.

Cohen, Aaron 1996: On the Discriminant Validity of the Meyer and Allen Measure of Organizational Commitment. In: Educational & Psychological Measurement 56(1996)3: 494-503.

Cohen, Aaron; Keren, Danny 2008: Individual Values and Social Exchange Variables: Examining Their Relationship to and Mutual Effect on In-Role Performance and Organizational Citizenship Behavior. In: Group & Organization Management 33(1996)4: 425–452.

Crimmann, Andreas; Wießner, Frank 2009: Verschnaufpause dank Kurzarbeit. Nürnberg: Institut für Arbeitsmarkt- und Berufsforschung (IAB). IAB Kurzbericht 14/2009.

Crimmann, Andreas; Wießner, Frank; Bellmann, Lutz 2010: The German Work-sharing Scheme: An Instrument for the Crisis. Genf: International Labour Organization (ILO). Conditions of Work and Employment Series No. 25.

Curry, James P.; Wakefield, Douglas S.; Price, James L.; Mueller, Charles W. 1986: On the Causal Ordering of Job Satisfaction and Organizational Commitment. In: Academy of Management Journal 29(1986)4: 847–858.

Deeke, Axel 2005: Kurzarbeit als Instrument betrieblicher Flexibilität – Ergebnisse aus dem IAB Betriebspanel 2003. Nürnberg: Institut für Arbeitsmarkt- und Berufsforschung (IAB). IAB Forschungsbericht Nr. 12/2005.

Dick, Rolf von 2004: Commitment und Identifikation mit Organisationen. Göttingen: Hogrefe.

Dorfmeister, Ludwig 2010: Kurzarbeit hilft, Entlassungen zu vermeiden. Ergebnisse der Sonderfrage im ersten Quartal 2010. München: Institut für Wirtschaftsforschung (ifo). Ifo Schnelldienst 7/2010.

Dutton, Jane E.; Dukerich, Janet M.; Harquail, Celia V. 1994: Organizational Images and Member Identification. In: Administrative Science Quarterly 39(1994)1: 239-263.

Eberling, Matthias; Henckel, Dietrich 1998: Kommunale Arbeitszeitpolitik - veränderte Arbeitszeiten und kommunale Handlungsmöglichkeiten. Berlin: Institut für Urbanistik (Difu).

Eisenberger, Robert; Huntington, Robin; Hutchison, Steven; Sowa, Debora 1986: Perceived Organizational Support. In: Journal of Applied Psychology 71(1986)3: S. 500–507.

Felfe, Jörg; Schmook, Renate; Six, Bernd; Wieland, Rainer 2005: Commitment gegenüber Verleiher und Entleiher bei Zeitarbeitern - Bedingungen und Konsequenzen. In: Zeitschrift für Personalpsychologie 4(2005)3: 101–115.

Flechsenar, Hans-Rolf 1979: Kurzarbeit – Strukturen und Beschäftigungswirkung. Nürnberg: Institut für Arbeitsmarkt- und Berufsforschung (IAB).

Fuchs, Victor R.; Jacobsen, Joyce P. 1986: Employee Response to Compulsory Short-time Work. Cambridge, Massachusetts: National Bureau of Economic Research (NBER).

Haar, Jarrod M.; Spell, Chester S. 2004: Programme Knowledge and Value of Work-family Practices and Organizational Commitment. In: International Journal of Human Resource Management 15(2004)6: 1040–1055.

Herzog-Stein, Alexander; Seifert, Hartmut 2010: Deutsches „Beschäftigungswunder" und flexible Arbeitszeiten. Düsseldorf: Wirtschafts- und Sozialwissenschaftliche Institut (WSI) in der Hans-Böckler-Stiftung. WSI-Diskussionspapier Nr. 169.

Homans, George C. 1958: Social Behavior as Exchange. In: The American Journal of Sociology 63(1958)6: 597–606.

Humphreys John H.; Weyant Lee E.; Sprague Robert D. 2003: Organizational Commitment: The Roles of Emotional and Practical Intellect within the Leader/Follower Dyad. In: Journal of Business and Management 9(2003)2: 189–209.

Ilg, Peter 2009: Auftragsflaute – Kurzarbeit oder Kündigung? Ellwangen: Verein Deutscher Ingenieure (VDI). VDI Nachrichten Nr. 33: 13.

Jäger, Stefan 2006: Mitarbeiterbindung. Zur Relevanz der dauerhaften Bindung von Mitarbeitern in modernen Unternehmen. Saarbrücken: VDM Verlag.

Kanter, Rosabeth Moss 1968: Commitment and Social Organization: A Study of Commitment Mechanisms in Utopian Communities. In: American Sociological Review 33(1968)4: S. 499–517.

Kent, Aubrey; Chelladurai, Packianathan 2001: Perceived Transformational Leadership, Organizational Commitment, and Citizenship Behavior: A Case Study in Intercollegiate Athletics. In: Journal of Sport Management 15(2001)2: 135.

Kieser, Alfred 1995: Loyalität und Commitment. 2. Auflage. Stuttgart: Schäffer-Poeschel.

Kidron, Aryeh 1978: Work Values and Organizational Commitment. In: The Academy of Management Journal 21(1978)2: 239–247.

King, R. C.; Sethi, V. 1997: The Moderating Effect of Organizational Commitment on Burnout in Information Systems Professionals. In: European Journal of Information Systems 6(1997)2: 86–96.

Knippenberg, Daan van 2000: Work Motivation and Performance: A Social Identity Perspective. In: Applied Psychology 49(2000)3: 357.

Ko, Jong-Wook; Price, James L.; Mueller, Charles W. 1997: Assessment of Meyer and
    Allen's Three-Component Model of Organizational Commitment in South Korea.
    In: Journal of Applied Psychology 82(1997)6: 961–973.

Kock, Klaus 1985: Kurzarbeit aus Sicht der Betroffenen. Köln: Institut zur Erforschung
    sozialer Chancen.

Lee Chay Hoon; Bruvold, Norman T. 2003: Creating Value for Employees: Investment in
    Employee Development. In: International Journal of Human Resource Management
    14(2003)6: 981–1000.

Lersch, Philipp 1966: Aufbau der Person. 10. Auflage. München: Barth.

Lingard, Helen; Lin Jasmine 2004: Career, Family and Work Environment Determinants of
    Organizational Commitment among Women in the Australian Construction Indus-
    try. In: Construction Management and Economics 22(2004)4: 409–420.

Linne, Gudrun 1999: Auf der Suche nach einer zukunftsfähigen Arbeitszeit. Düsseldorf:
    Wirtschafts- und Sozialwissenschaftliche Institut (WSI) in der Hans-Böckler-
    Stiftung. Mitbestimmung 3/99.

Markovits, Yannis; Ullrich, Johannes; van Dick, Rolf; Davis, Ann J. 2008: Regulatory Foci
    and Organizational Commitment. In: Journal of Vocational Behavior 73(2008)3:
    485–489.

Martín, Sonia San 2008: Relational and Economic Antecedents of Organisational Commit-
    ment. In: Personnel Review 37(2008)6: 589–608.

Mathieu, John E.; Zajac, Dennis M. 1990: A Review and Meta-Analysis of the Antecedents,
    Correlates and Consequences of Organizational Commitment. In: Psychological
    Bulletin 108(1990)2: 171–194.

Meyer, John P.; Allen, Natalie J. 1990: The Measurement and Antecedents of Affective,
    Continuance and Normative Commitment in Organization. In: Journal of Occupa-
    tional Psychology 1(1990)63: 1–18.

Meyer, John P.; Allen, Natalie J. 1991: A Three-Component Conceptualization of Organiza-
    tional Commitment. In: Human Resource Management Review 1(1991)1: 61–89.

Meyer, John P.; Allen, Natalie J. 1996: Affective, Continuance, and Normative Commitment
    to the Organization: An Examination of Construct Validity. In: Journal of Voca-
    tional Behavior 49(1996)3: 252–276.

Meyer, John P.; Stanley, David J.; Herscovitch, Lynne; Topolnytsky, Laryssa 2002: Affective, Continuance, and Normative Commitment to the Organization: A Meta-analysis of Antecedents, Correlates, and Consequences. In: Journal of Vocational Behavior 61(2002)1: 20–52.

Meyer, John P.; Becker, Thomas E.; Vandenberghe, Christian 2004: Employee Commitment and Motivation: A Conceptual Analysis and Integrative Model. In: Journal of Applied Psychology 89 (2004)6: 991–1007.

Moideenkutty, Unnikammu; Blau, Gary; Kumar, Ravi; Nalakath, Ahamedali 2001: Perceived Organisational Support as a Mediator of the Relationship of Perceived Situational Factors to Affective Organisational Commitment. In: Applied Psychology: An International Review 50(2001)4: 615–634.

Möller, Joachim; Walwei, Ulrich 2009: Crisis Analysis and Recommendations: The German Labour Market Miracle on the Test Block. Nürnberg: Institut für Arbeitsmarkt- und Berufsforschung (IAB). IAB-Forum Spezial 2009.

Moser, Klaus 1996: Commitment in Organisationen. Bern: Huber.

Mowday, Richard T.; Steers, Richard M.; Porter, Lyman W. 1979: The Measurement of Organizational Commitment. In: Journal of Vocational Behavior 14(1979)2: 224–247.

Mowday, Richard T.; Steers, Richard M.; Porter, Lyman W. 1982: Employee-Organization Linkages. The Psychology of Commitment, Absenteeism, and Turnover. London: Academic Press Inc.

Nahrendorf, Rainer 2009: Die Kurzarbeit wird kaum zur Qualifizierung genutzt. In: Handelsblatt, 26.11.2009.

Promberger, Markus 1997: Weniger Geld, kürzere Arbeitszeit, sichere Jobs? Soziale und ökonomische Folgen beschäftigungssichernder Arbeitszeitverkürzungen. Berlin: Ed. Sigma.

Reinhart, Carmen M.; Rogoff, Kenneth S. 2009: The Aftermath of Financial Crises. In: American Economic Review 99(2009)2: 466–472.

Rosenstiel, Lutz von 1992: Motivation von Mitarbeitern. In: Lutz von Rosenstiel, Erika Regnet und Michel E. Domsch (Hrsg.): Führung von Mitarbeitern. 5. Auflage. Stuttgart.

Self, Dennis R.; Holt, Daniel T.; Schaninger, William S. 2005: Work-group and Organizational Support: A test of Distinct Dimensions. In: Journal of Occupational & Organizational Psychology 78(2005)1: 133–140.

Shaffer, Margaret A.; Harrison, David A.; Gilley, K. Matthew; Luk, Dora M. 2001: Struggling for Balance amid Turbulence on International Assignments: Work-family Conflict, Support and Commitment. In: Journal of Management 27(2001)1: 99–121.

Somers, Mark John 1995: Organizational Commitment, Turnover and Absenteeism: an Examination of Direct and Interaction Effects. In: Journal of Organizational Behavior 16(1995)1: 49–58.

Süß, Stefan 2006: Commitment freier Mitarbeiter: Erscheinungsformen und Einflussmöglichkeiten am Beispiel von IT-Freelancern. In: Zeitschrift für Personalforschung 20(2006)3: 255–275.

Westphal, Ariane; Gmür, Markus 2009: Organisationales Commitment und seine Einflussfaktoren: Eine qualitative Metaanalyse. In: Journal für Betriebswirtschaft 59(2009)4: 201–229.

Wiener, Yoash 1982: Commitment in Organizations: A Normative View. In: Academy of Management Review 7(1982)3: 418–428.

Yousef, Darwish A. 2002: Job Satisfaction as a Mediator of the Relationship between Role Stressors and Organizational Commitment. In: Journal of Managerial Psychology 17(2002)4: 250–266.

Internetquellen:

Adamy, Wilhelm 2009: Beschäftigungskrise: Wie können die Folgen für den Arbeitsmarkt abgefedert werden? München: Institut für Wirtschaftsforschung (ifo). Ifo-Schnelldienst 17/2009. Online verfügbar unter http://www.cesifo-group.de/pls/guest/download/ifo%20Schnelldienst/ifo%20Schnelldienst%202009/ifosd_2009_17_1.pdf, zuletzt geprüft am 30.04.2010.

Bach, Hans-Uwe; Spitznagel, Eugen 2009: Kurzarbeit: Betriebe zahlen mit - und haben was davon. Nürnberg: Institut für Arbeitsmarkt- und Berufsforschung (IAB). IAB-Kurzbericht, 17/2009. Online verfügbar unter http://doku.iab.de/kurzber/2009/kb1709.pdf, zuletzt geprüft am 07.05.2010.

Bach, Hans-Uwe; Hummel, Markus; Klinger, Sabine; Spitznagel, Eugen; Zika, Gerd 2009: Arbeitsmarkt-Projektion 2010: Die Krise wird deutliche Spuren hinterlassen. Nürnberg: Institut für Arbeitsmarkt- und Berufsforschung (IAB). IAB-Kurzbericht 20/2009. Online verfügbar unter http://doku.iab.de/kurzber/2009/kb2009.pdf, zuletzt aktualisiert am 14.09.2009, zuletzt geprüft am 07.05.2010.

Berendt, Marianne 1998: Die sozialen Kosten des "VW-Modells". Online verfügbar unter http://www.wsws.org/de/1998/okt1998/vw-o23.shtml, zuletzt geprüft am 06.08.2010.

Bispinck, Reinhard; Dribbusch, Heiner; Oez, Fikret; Jung, Rainer 2010: Personalabbau, Kurzarbeit und weniger Lohn – Auswirkungen der Wirtschaftskrise auf die Beschäftigten – Metallindustrie besonders betroffen. Düsseldorf: Wirtschafts- und Sozialwissenschaftliches Institut (WSI) in der Hans-Böckler-Stiftung. Online verfügbar unter http://www.boeckler.de/320_102969.html, zuletzt geprüft am 11.08.2010.

Borstel, Stefan von; Wisdorff, Flora 2009: Trotz Kurzarbeit steigt ab 2010 die Arbeitslosigkeit. Online verfügbar unter http://www.welt.de/wirtschaft/article5211257/Trotz-Kurzarbeit-steigt-ab-2010-die-Arbeitslosigkeit.html, zuletzt geprüft am 06.08.2010.

Brambusch, Jens; Dunkel, Monika; Gassmann, Michael 2009: Das Kurzarbeit-Komplott. Online verfügbar unter http://www.ftd.de/politik/deutschland/:agenda-das-kurzarbeit-komplott/549264.html, zuletzt geprüft am 06.08.2010.

Bundesamt für Arbeit und Soziales (BMAS) 2009: Konjunkturelles Kurzarbeitergeld (§§ 169 ff. SGB III). Online verfügbar unter http://www.bmas.de/portal/37710/2009__09__11__kug.htm, zuletzt geprüft am 16.06.2010.

Bundesministerium der Justiz 2010: Sozialgesetzbuch (SGB) Drittes Buch (III) - Arbeitsförderung. SGB III. Online verfügbar unter http://www.gesetze-im-internet.de/sgb_3/BJNR059500997.html, zuletzt geprüft am 16.06.2010.

Caspary, Brigitte 2010: Kurzarbeit rettete 300.000 Arbeitsplätze. Online verfügbar unter http://www.spiegel.de/wirtschaft/soziales/0,1518,669729,00.html, zuletzt geprüft am 10.08.2010.

Creutzburg, Dietrich; Thelen, Peter 2010: Neue Milliardenspritze für die Kurzarbeit. Handelsblatt, 14.04.2010: 3. Online verfügbar unter http://www.handelsblatt.com/politik/deutschland/sozialabgabenfreiheit-neue-milliardenspritze-fuer-die-kurzarbeit;2561190, zuletzt geprüft am 16.06.2010.

Deeke, Axel 2009: Kurzarbeit – ein bislang erfolgreiches Modell zur Abfederung der Krise. München: Institut für Wirtschaftsforschung (ifo). Ifo Schnelldienst 17/2009. Online verfügbar unter http://www.cesifo-group.de/pls/guest/download/ifo%20Schnelldienst/ifo%20Schnelldienst%202009/ifosd_2009_17_1.pdf, zuletzt geprüft am 30.04.2010.

Eichhorst, Werner; Marx, Paul 2009: Kurzarbeit: Sinnvoller Konjunkturpuffer oder verlängertes Arbeitslosengeld? Bonn: Forschungsinstitut zur Zukunft der Arbeit (IZA). IZA Standpunkte Nr. 5. Online verfügbar unter http://ftp.iza.org/sp5.pdf, zuletzt geprüft am 30.04.2010.

o.V. 2010: Missbrauch bei Kurzarbeit. Staatsanwälte ermitteln gegen 132 Unternehmen. Online verfügbar unter http://www.spiegel.de/wirtschaft/soziales/0,1518,druck-669789,00.html, zuletzt geprüft am 07.05.2010.

Scholz, Olaf 2009: Mit Sozialpartnerschaft durch die Krise. Institut für Wirtschaftsforschung (ifo). Ifo Schnelldienst 17/2009. Online verfügbar unter http://www.cesifo-group.de/pls/guest/download/ifo%20Schnelldienst/ifo%20Schnelldienst%202009/ifosd_2009_17_1.pdf, zuletzt geprüft am 30.04.2010.

Sell, Stefan 2009: „Wo gehobelt wird, fallen auch Späne". Zur Ambivalenz der Kurzarbeit als arbeitsmarktpolitisches Instrument. Remagen: Remagener Beiträge zur aktuellen Sozialpolitik. Online verfügbar unter http://www.stefan-sell.de/texte/sozialpolitik/Sozialpolitik_2009-05.pdf, zuletzt geprüft am 30.04.2010.

YouGovPsychonomics AG 2010: Einsatz von Kurzarbeit - Der Nutzen ist klar, trotzdem leidet die Motivation. Online verfügbar unter http://www.yougovpsychonomics.com/ 2009/07/einsatz-von-kurzarbeit-der-nutzen-ist.html, zuletzt geprüft am 30.04.2010.

Zucchi, Uwe 2010: Bore-Out - Krank vor Langeweile. Online verfügbar unter http://www.zeit.de/karriere/beruf/2010-06/burn-out-bore-out, zuletzt geprüft am 31.08.2010.